立花珠樹
tachibana tamaki

厳選
あのころの日本映画101

いまこそ観たい名作・問題作

言視舎

はじめに

DVDを借りて映画を観たいけれど、どれを借りればいいか分からない。題名は聞いたことがあるけれど、果たして面白い映画だろうか。宣伝文句はすごいけれど、本当にDVDやブルーレイを買う価値がある名作なのだろうか——。

実は、僕も、そんなふうに迷うことがある。

そういうときに頼りになるのが、筆者が名前を出して、自分の言葉で批評し、紹介しているガイドブックだ。「この人がほめているから観よう」とか、逆に「この人とは合わないなあ」とか、判断する基準になるからだ。

どうぞ、まず、この本をパラパラとめくってほしい。そして、もし波長が合いそうだと感じたら、ぜひ手元に置いてほしい。できれば、本書の姉妹編『「あのころ」の日本映画がみたい！』（後述）も一緒に！

僕が今、自信を持って言えるのは、昔の日本映画は、多くの人が想像しているより、はるかに豊かで面白い、ということだ。

寂しいとき、落ち込んだとき、嬉しいとき、怒ったとき、笑いたいとき、しんみりしたいとき、恋人や家族と一緒に見たいとき、歴史や未来について真面目に考えてみたいとき……。

あなたの気分にぴったり合う映画が、この本の中で、きっと見つかるはずだ。

10のテーマ

この本では、1948年の黒澤明監督『**酔いどれ天使**』から、2015年の山田洋次監督『**母と暮せば**』まで、101本の映画を取り上げ、その魅力を紹介している。

2015年の7月から17年の7月までの2年間、ほぼ毎週1本のペースで書き続けてきた。ほとんどが過去に観たことがある作品だったが、メモを取りながら見直し、原作や関連書籍などに可能な限り目を通してから、コラムを書くように心がけた。『**人間の條件**』や『**戦争と人間**』など、通して観ると9時間を超える作品もあり、それなりの苦労もあったが、楽しくてためになる、充実した仕事だった。

書いていく途中は、年代もテーマも特に意識せずに、「大好きな映画」「大切なことを学べる映画」という二つの基準で、作品をピックアップしていったが、本にするに当たって、101本の映画を10のテーマに分類してみた。こうしてまとめてみると、個々の作品だけでは見えなかったものが、浮かび上がってくるようにも思えた。

ここでは、最初の二つのテーマについて、補完したいことを記しておこう。

【1　世界が認めた】

科学技術や和食、治安の良さ。そうしたことに加え、日本が世界に誇れることの一つが、日本映画の素晴らしさ（アニメだけではなく）だと思う。『**隠し砦の三悪人**』（前掲書で紹介）をはじめとする黒澤明監督作品が、『スター・ウォーズ』シリーズに大きな影響を与えているのを、日本人がどれほど知っているだろうか。

小津安二郎監督や溝口健二監督の、世界での高い評価も、もっと日本国内に広めるべきだろう。例えば、還暦の誕生日に亡くなった小津監督の命日である12月12日には、毎年『**東京物語**』（前掲書）や『**晩春**』などの名作を、全国一斉に上映したらどうだろうか。

生前の黒澤監督から、後半生、映画を撮るのにどれほど苦労したかという話を、直接伺ったことがある。日本映画という文化財産を、もっと大事にする道はないのだろうか。

【2　戦争の記憶】

ここに収めたコラムを書き始めた数カ月後、集団的自衛権の行使を認める安全保障関連法が成立した。

「戦後70年がたち、戦後民主主義のすべてを否定して、戦争をする強い国を目指すような動きが目立ってきた」。ちょうどそのころに出した映画の第3コラム集『女と男の名作シネマ』（言視舎）のまえがきに僕はそう書いた。

そうした動きは、ますます強まり、米国でドナルド・トランプ大統領が誕生して以降は、世界レベルで加速してきたように思う。自分や周囲の人間たちは、最前線の戦場で戦うことなどまったく考えていない権力者たちが、明日にでも戦争を始めるような威勢のいい言葉をもてあそんでいる。

この章に収めた市川崑監督『**野火**』や小林正樹監督『**人間の條件**』、深作欣二監督『**軍旗はためく下に**』をぜひ観てほしい。末端の兵隊はどんなにひどい目に遭うのかがリアルに描かれている。遺作の『**一枚のハガキ**』を撮り終えた後、新藤兼人監督が語ってくれた「戦争は絶対にいけない」理由が、これらの作品を観ることで、たやすく分かるはずだ。

前述したような、威勢のいいことを言う人たちの一部は、戦前の過ちを反省する考え方や生き方についても、「押し付けられた憲法・民主主義」と攻撃する。だが、木下恵介監督『二十四の瞳』や今井正監督『青い山脈』の中の、戦争中や戦前の価値観を批判する率直な言葉を聞いてほしい。戦後に獲得した自由と民主主義への讃歌と、平和の訪れを歓迎する人々の感情が伝わってくるはずだ。

なお、『東京オリンピック』と『黒部の太陽』の2作は、戦後、復興の道を歩んだ日本の〝青春期〟を描いているという見地で、【8　青春の輝き】の章に収録した。

せりふのない映画の名せりふ

この本では、作品ごとに「心に残る名せりふ」を付けることにした。

主に外国映画の名せりふを対象にした、和田誠さんの楽しい文章とイラストの本『お楽しみはこれからだ』（文藝春秋）を昔から愛読していたし、短いコラムを補完するために、効果的だと思ったからだ。

だが、毎回せりふを付けるのは、結構大変だった。映画を通して観る間に、気になるせりふをメモしていくのだが、一回で決められないこともあった。せりふを発する状況も短くまとめなければならず、意外と時間がかかる仕事だった。

頭を抱えたのは、せりふが一切ない新藤兼人監督『裸の島』だ。この作品の名せりふをどう発見したか。181ページを見てほしい。

もう一つ、「ざっ、ざっ、ざっ、ざっ」という足音を名せりふとして書いたケースもある。大島渚監督『愛のコリーダ』だ。どうぞ、笑って見逃してほしい。

モノクロは美しい

モノクロの映画を観たことがないという若者たちがいるらしい。もったいない話だ。だまされたと思って、モノクロ作品を観てほしい。この本に収めた溝口健二監督『近松物語』、増村保造監督『清作の妻』、蔵原惟繕監督『愛と死の記録』、篠田正浩監督『心中天網島』などの美しいモノクロの映像を観れば、白と黒にさまざまな色調があることや、モノクロの画面でいかにヒロインが美しく輝いているかが、実感できるはずだ。

＊

4冊目の映画コラムの本を出すことができた。子どものころから大好きだった映画と関わり続け、この10年間は、映画のコラムや映画人のロングインタビューを書くことを主な仕事にしている。

我ながら幸運な巡り合わせと感謝している。さらに嬉しいのは、没入すればするほど、映画がますます面白くなってくることだ。

最近は、そんなふうに自分が知ることができた「映画や、映画の作り手たちの魅力」を、文章やトークで読者や観客に伝えることが、ライフワークと思えるようになった。

この本は日本映画のコラムとしては、2010年に出した『「あのころ」の日本映画がみたい！』（彩流社）に次ぐ2冊目になる。

1冊目の101本が、「誰がなんと言おうと、自分が大好きな映画」という一点で選んだ作品群だったのに比べ、この本の101本は、「見たことで、自分が大切なことを学べた映画」という視点もプラスして選んでいる。その分、取り上げた作品の幅が広がったと思う。

今、改めて101本のタイトルを眺め、バラエティに富んだ名作・問題作がそろっていることに、書いた当人がびっくりしているくらいだ。

とはいっても、黒澤明監督『悪い奴ほどよく眠る』、高畑勲監督『火垂るの墓』、森達也監督『A』など、取り上げそこねた作品もいくつかある。福島第一原発事故の関係では、廣木隆一監督『彼女の人生は間違いじゃない』も入れたかった。

もし、203本目から先の日本映画コラムを書くチャンスがあれば、これらの作品をぜひ取り上げたい。

＊

本の帯は、女優の岩下志麻さんにお願いした。2012年にロングインタビュー集『岩下志麻という人生』（共同通信社）を出版したご縁などから、推薦文をお願いし、快諾していただいた。美しい岩下さんの写真と言葉のおかげで、こんなにアイキャッチができる本になった。第1コラム集の帯を書いていただいた桃井かおりさんと、岩下さんが競演した野村芳太郎監督の名作『疑惑』を、この本で紹介することができたのも嬉しい。

岩下さん、ありがとうございます。

＊

今回の本も、2冊目のコラム集以降の相棒であるイラストレーターのコジマススム君や、原稿を親身にチェックしてくれた共同通信整理部の早川達郎さんら、多くの方々のお世話になった。1冊目のコラム集の編集者として出会って以来、本を出し続けてくれている言視舎社長、杉山尚次さんに感謝をささげたい。

2018年1月

立花珠樹

厳選　あのころの日本映画１０１　目次

3 原爆
『原爆の子』（1952年、監督＝新藤兼人） 68
『ゴジラ』（1954年、監督＝本多猪四郎） 70
『愛と死の記録』（1966年、監督＝蔵原惟繕） 72
『地の群れ』（1970年、監督＝熊井啓） 74
『黒い雨』（1989年、監督＝今村昌平） 76
『父と暮せば』（2004年、監督＝黒木和雄） 78
『夕凪の街　桜の国』（2007年、監督＝佐々部清） 80
『母と暮せば』（2015年、監督＝山田洋次） 82

4 差別と闘う
『にあんちゃん』（1959年、監督＝今村昌平） 84
『キクとイサム』（1959年、監督＝今井正） 86
『私が棄てた女』（1969年、監督＝浦山桐郎） 88
『GO』（2001年、監督＝行定勲） 90
『ハッシュ！』（2002年、監督＝橋口亮輔） 92
『ジョゼと虎と魚たち』（2003年、監督＝犬童一心） 94

5 女の生き方
『おかあさん』（1952年、監督＝成瀬巳喜男） 96
『西鶴一代女』（1952年、監督＝溝口健二） 98
『荷車の歌』（1959年、監督＝山本薩夫） 100
『婚期』（1961年、監督＝吉村公三郎） 102
『女は二度生まれる』（1961年、監督＝川島雄三） 104
『にっぽん昆虫記』（1963年、監督＝今村昌平） 106
『はなれ瞽女おりん』（1977年、監督＝篠田正浩） 108
『疑惑』（1982年、監督＝野村芳太郎） 110
『鬼龍院花子の生涯』（1982年、監督＝五社英雄） 112
『Wの悲劇』（1984年、監督＝澤井信一郎） 114
『マルサの女』（1987年、監督＝伊丹十三） 116
『愛を乞うひと』（1998年、監督＝平山秀幸） 118

6 権力と個人
『清作の妻』（1965年、監督＝増村保造） 120
『白い巨塔』（1966年、監督＝山本薩夫） 122
『上意討ち　拝領妻始末』（1967年、監督＝小林正樹） 124

『エロス＋虐殺』（1970年、監督＝吉田喜重） 126
『金環蝕』（1975年、監督＝山本薩夫） 128
『影武者』（1980年、監督＝黒澤明） 130
『ふるさと』（1983年、監督＝神山征二郎） 132
『ジャズ大名』（1986年、監督＝岡本喜八） 134
『それでもボクはやってない』（2007年、監督＝周防正行） 136

7 青春の痛みとアウトロー

『青春残酷物語』（1960年、監督＝大島渚） 138
『関の彌太ッペ』（1963年、監督＝山下耕作） 140
『競輪上人行状記』（1963年、監督＝西村昭五郎） 142
『人生劇場　飛車角』（1963年、監督＝沢島忠） 144
『愛と死をみつめて』（1964年、監督＝斎藤武市） 146
『十九歳の地図』（1979年、監督＝柳町光男） 148
『ヒポクラテスたち』（1980年、監督＝大森一樹） 150
『台風クラブ』（1985年、監督＝相米慎二） 152
『Ｌｏｖｅ　Ｌｅｔｔｅｒ』（1995年、監督＝岩井俊二） 154
『キッズ・リターン』（1996年、監督＝北野武） 156
『犬、走る　ＤＯＧ　ＲＡＣＥ』（1998年、監督＝崔洋一） 158
『マイ・バック・ページ』（2011年、監督＝山下敦弘） 160

8 青春の輝き

『お嬢さん乾杯』（1949年、監督＝木下恵介） 162
『青い山脈』（1949年、監督＝今井正） 164
『東京オリンピック』（1965年、総監督＝市川崑） 166
『黒部の太陽』（1968年、監督＝熊井啓） 168
『博多っ子純情』（1978年、監督＝曽根中生） 170
『ＢＵ・ＳＵ』（1987年、監督＝市川準） 172
『どついたるねん』（1989年、監督＝阪本順治） 174
『がんばっていきまっしょい』（1998年、監督＝磯村一路） 176

9 夫婦のかたち

『めし』（1951年、監督＝成瀬巳喜男） 178
『裸の島』（1960年、監督＝新藤兼人） 180
『心中天網島』（1969年、監督＝篠田正浩） 182
『それから』（1985年、監督＝森田芳光） 184
『死の棘』（1990年、監督＝小栗康平） 186
『全身小説家』（1994年、監督＝原一男） 188

『三文役者』（2000年、監督＝新藤兼人） 190

10 家族を問う

『稲妻』（1952年、監督＝成瀬巳喜男） 192
『警察日記』（1955年、監督＝久松静児） 194
『おとうと』（1960年、監督＝市川崑） 196
『しとやかな獣』（1962年、監督＝川島雄三） 198
『少年』（1969年、監督＝大島渚） 200
『男はつらいよ』（1969年、監督＝山田洋次） 202
『異人たちとの夏』（1988年、監督＝大林宣彦） 204
『あ、春』（1998年、監督＝相米慎二） 206
『EUREKA（ユリイカ）』（2001年、監督＝青山真治） 208
『春との旅』（2010年、監督＝小林政広） 210

監督別作品索引　　本書の姉妹編『「あのころ」の日本映画がみたい！』監督別掲載作品　巻末

1948年▼監督＝黒澤明

『酔いどれ天使』世界のクロサワの出発点

①

脚本＝植草圭之助、黒澤明。
出演＝志村喬、三船敏郎、山本礼三郎、木暮実千代ほか。

1948年公開の『酔いどれ天使』は、前年に俳優デビューした三船敏郎が初めて黒澤明監督作品に出演、主役の名優・志村喬と共演した記念碑的な映画だ。

戦後の闇市で、暴力に頼って生きる破滅的な男を演じた三船は、大酒飲みだが患者のためには体を張る硬骨漢の医師役の志村と、堂々と渡り合い、強烈な存在感を示した。

戦争の焼け跡が残る東京の下町。真田医師（志村）の小さな医院は、メタンガスの泡が浮くドブ沼のそばにある。沼の向こうには、バラック建ての店やダンスホールが並ぶ闇市が広がっている。

ある夜、医院に、短銃で手を撃たれた松永（三船）が現れる。松永は闇市を支配するやくざの幹部だ。真田は、けがの治療後、松永が結核にかかっていることを発見する。粗暴な松永に純粋な気持ちが残っていることを見抜いた真田は、やくざをやめ、治療に専念するように説得する……。

「冒頭の診察室の出会いで、真向うから、五分と五分で、真田はけもののような松永と渡り合いはじめた」。黒澤と共同して脚本を書いた植草圭之助が、自伝的小説『わが青春の黒沢明』（文春文庫）で、映画の創作過程を克明に記している。

真田にも松永にもモデルになる人物が実際にいたことや、企画段階では、やくざの暴力を批判的に

※『酔いどれ天使　【東宝 DVD 名作セレクション】』
好評発売中　発売・販売元：東宝

※

描くはずだったのに、「三船の素晴らしい迫力が上廻っちまった」（黒澤）ため、完成した映画では松永がヒーローとなり人気を集めたことなどが、生々しく描かれた興味深い一冊だ。

映画の後半、絶望した松永が闇市をさまようシーンで、軽快な「かっこうワルツ」が流れる。音楽の早坂文雄は、悲しい場面に明るい音楽をかぶせることで、悲しみをさらに際立たせた。伊藤武夫のカメラもいい。松永と兄貴分の岡田（山本礼三郎）との死闘を、鏡や洗濯物などをうまく使って見事に撮った。

黒澤はこの後『野良犬』（49年）や『七人の侍』（54年）など、三船、志村を起用して数々の名作を生み出していく。この映画が「世界のクロサワ」への出発点となる作品だった。

心に残る名せりふ

あいつらは医者じゃねえ

貧乏で、薬用アルコールまで飲んでしまうほど酒好きの真田だが、医師としての強い使命感、倫理観を持っている。

治療を勧めた松永に暴力を振るわれ、怒る真田に、医院の手伝いをしている美代（中北千枝子）が言う。「先生は自分が診た患者となると、自分のことより心配なんだから」。さらに「よそのお医者さんはもっと適当に気楽にやってるわ」と続けると、真田は怒鳴る。

「ふん、あいつらは医者じゃねえ、たいこ持ちだ」

後の『赤ひげ』に連なる、黒澤監督の理想の医師像がここにある。

▶キネマ旬報ベスト・テン1位、毎日映画コンクールで日本映画大賞など受賞。98分。モノクロ。

1949年▼監督＝小津安二郎 ②

『晩春』戻った平和のありがたさ

原作＝広津和郎。脚本＝野田高梧、小津安二郎。
出演＝笠智衆、原節子、月丘夢路、杉村春子ほか。

曽宮周吉（笠智衆）は、北鎌倉に住む56歳の大学教授。妻を亡くし、27歳の娘の紀子（原節子）と2人で暮らしている。

婚期を逸しそうな紀子を心配して、周吉の妹（杉村春子）が縁談を持ってくるが、紀子はいい顔をしない。「あたしがお嫁に行くと、お父さんが困る」というのが理由だ。娘を結婚させるため、父は一計を案じる……。

『晩春』のあらすじを書き始めると、ああ、これは遺作の『秋刀魚の味』（1962年）まで、小津安二郎監督が繰り返し描いた世界だな、と思う。

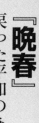

出演者もおなじみの面々だ。戦前から小津組の常連だった笠に加え、この作品以降は欠かせない存在になる原節子や杉村春子が小津組に初参加している。低いカメラ位置からの映像、1人ずつカメラに向かって話すショットをつなぐ対話場面、抑揚のないせりふなど、独特の小津ワールドに懐かしく浸れる作品になっている。

戦前に監督デビュー。『一人息子』（36年）などの傑作を生んでいた小津だが、戦後は厳しい現実を直視した意欲作『風の中の牝雞《めんどり》』（48年）の不評など、決して快調なスタートではなかった。だが、この『晩春』が批評家に絶賛され、大ヒットしたことで、復活した。

実は、数十年前、この映画を初めて観たときには、良さがほとんど分からなかった。敗戦からわずか4年。まだ、多くの人が食べることに苦労していた時代なのに、主人公一家は優雅で知的に暮らし、悩みといえば縁談なのか、と反感を抱いたことすらあった。

戦後70年以上たって見直し、聞き逃していたせりふに気づいた。紀子は定期的に東京の病院に通院している。血沈の結果が良かったと聞いて喜ぶ父親に、父親の友人が言う。

「やっぱり戦争中、無理に働かされたのがたたったんだね」

いい気なものだ、と思っていた父娘も、実は戦争に痛めつけられていたのだ。終戦で、ようやく平和な日常が戻ってきたから、父は娘の結婚に心を費やすことができるようになったのだ。取り戻した平和のありがたさが、同じように戦争を体験してきた観客の心に響いたのだろう。

心に残る名せりふ　お父さんが好きなの

結婚前に、父と2人で京都に旅をした娘は、帰り支度をしながら「このままお父さんといたいの」と気持ちをぶつける。

「奥さんおもらいになったっていいのよ」「お父さんが好きなの」

娘の願いを、父は一言で拒絶し、丁寧に理由を説明する。

「お父さんの人生はもう終わりに近いんだよ」「だけどおまえたちはこれからだ」

父親は、結婚生活の幸せとは、夫婦2人で新しくつくりあげていくものだと、娘を説得する。

「それが人間生活の歴史の順序というものなんだよ」

作り手の思いが、この場面に込められている。

▶キネマ旬報ベスト・テン1位。毎日映画コンクールで日本映画大賞、監督賞、女優演技賞を受賞。「デジタル修復版」（DVD、ブルーレイ）が松竹より発売。108分。モノクロ。

1954年▼監督＝黒澤明

『七人の侍』
世界に誇る日本版西部劇

③

脚本＝黒澤明、橋本忍、小國英雄。

出演＝志村喬、三船敏郎、稲葉義男、宮口精二、千秋実、加東大介、木村功ほか。


『七人の侍』は、子どものころから活劇が大好きで『駅馬車』（1939年）などのジョン・フォード監督に憧れていた黒澤明監督が作った、日本版西部劇だ。

戦国時代、野武士の襲撃に苦しむ農村で、長老（高堂国典）が侍を雇って闘うことを提案する。そんな侍がいるのか、と危ぶむ村人たちに、長老は一喝する。「腹の減った侍、探すだよ」。そこから物語が始まる。町に出た利吉（土屋嘉男）や与平（左卜全）ら村人は、安宿に泊まり、腕の立つ侍を探す。

やがてはリーダーとなる浪人、勘兵衛（志村喬）と村人たちが出会うエピソードが、緊迫感があって面白い。頼みを引き受けた勘兵衛は、戦《いくさ》には7人の侍が必要だと言い、彼を慕う若武者、勝四郎（木村功）とともにメンバーを集めていく。参謀役になる五郎兵衛（稲葉義男）、勘兵衛の昔なじみの七郎次（加東大介）、まき割り名人の快活な平八（千秋実）、武者修行中の剣士、久蔵（宮口精二）。いずれも個性的な顔ぶれだが、やはり、最高に魅力的なのは、はみ出し者の菊千代（三船敏郎）だ。長い刀を持ち、一見、粗暴な菊千代は、実は農家の出身だ。勘兵衛一行に無理やり付いてきた彼は、底抜けの明るさと優しさで、村人たちの警戒心を解きほぐしていく。戦略を練り、村人を指導しなが

※『七人の侍　【東宝DVD名作セレクション】』
好評発売中　発売・販売元：東宝

※

ら、侍たちは戦の準備を進める。そして決戦。豪雨の下、泥の海の中で、驚くべき迫力で肉弾戦が映し出される。

「天が味方したのか、死者だけは出なかった。落馬して骨折したものが5人」。チーフ助監督だった堀川弘通は撮影中、死の危険を避けるように黒澤に訴えたが受け入れられなかったことを、自著『評伝黒澤明』（ちくま文庫）で明らかにしている。当否は別として、黒澤の異常なまでの情熱と、『酔いどれ天使』（48年）『野良犬』（49年）などと同じく志村・三船コンビの魅力が、映画を大傑作にした。西部劇の本場、米国で『荒野の七人』（60年）としてリメークされ、世界的に大ヒットしたという事実が、その面白さを裏打ちしている。

心に残る名せりふ　金にも出世にもならぬが

農民を守る武士仲間を探す勘兵衛（志村喬）の前に、昔なじみの七郎次（加東大介）が現れる。

「実は、金にも出世にもならぬ難しい戦があるんだが、ついて来るか」

勘兵衛の言葉に、七郎次はちゅうちょすることなく「はい」と答える。2人がかつて同じ武将に仕え、戦に敗れ、浪人になっていることが、会話からうかがえる。深い信頼が、彼らを結んでいる。さて、彼らの「金にも出世にもならぬ戦」の結果、勝利を収めたのは誰だったか。ラストに、勘兵衛が言う極め付きの名せりふがある。ぜひ映画を観て、確認してほしい。

▶キネマ旬報ベスト・テン3位、ベネチア国際映画祭銀獅子賞受賞、毎日映画コンクールで男優助演賞（宮口精二）受賞。207分。モノクロ。

1954年▼監督＝溝口健二

『近松物語』非の打ちどころがない名作

④

原作＝近松門左衛門。脚本＝依田義賢。
出演＝長谷川一夫、香川京子、南田洋子、進藤英太郎ほか。

溝口健二監督『近松物語』は、江戸時代に実際に起きた事件をモデルにした悲劇映画の名作だ。17世紀後半の京都。暦の商いを独占する大経師《だいきょうじ》、以春《いしゅん》（進藤英太郎）の妻おさん（香川京子）は、兄（田中春男）に金を無心される。金に細かい夫に言い出せず、おさんは悩む。事情を知った手代の茂兵衛（長谷川一夫）は、店の金を一時的に用立てようとする。

だが、その現場を手代仲間の助右衛門（小沢栄太郎）が見つけ、騒ぎになる。そのとき、茂兵衛をかばうのが、彼に思いを寄せる奉公人のお玉（南田洋子）だ。その後、お玉から「以春が毎晩寝室に忍んで来る」と打ち明けられたおさんは、お玉と寝室を取り換え、夫をこらしめようとする。

長々と書いてきたが、ここまでが、いわば悲劇の伏線になる。この後、いくつもの不運がおさんと茂兵衛を襲い、男女の関係はまったくない2人が、不義密通の疑いをかけられることになる。逃避行の末に、2人は心中を覚悟するが、茂兵衛が秘めていた恋心を告白したことから、関係が大きく変わっていく。

「2人で生きたい」と望むおさん。「自分がいなくなれば、奥さまは助けられる」と煩悶《はんもん》する茂兵衛。不義密通は死罪という時代の禁じられた恋は、当事者の2人だけでなく、周囲の人間たちの運命も巻き込んでいく。

何度か観たが、そのたびに、非の打ちどころがないと感じた。追い詰められていく男女の心理の変化を、鮮やかに浮き彫りにした依田義賢のシナリオ。モノクロの映像はこれほどまでに美しいのか、と感嘆させる宮川一夫のカメラ。そして、主役の2人をはじめ、脇で支える進藤や田中なども含めた完璧なキャスティング。まさに、巨匠溝口健二の後期の代表作といえるだろう。

原作は近松門左衛門の浄瑠璃「大経師昔暦《むかしごよみ》」。『山椒大夫』（1954年3月公開）で溝口作品に初主演、直後の『近松物語』で主役のおさんに抜てきされた香川は、撮影が始まると、何度も演技のやり直しをさせられ、苦しんだ。だが、その成果は画面に確実に現われている。巨匠たちの数々の名作でヒロインを演じた香川は「もし、何が一番？と聞かれたら『近松物語』です」と断言した。その言葉にふさわしい、ラストシーンのおさんの晴れ晴れとした表情が目に残る。

心に残る名せりふ　死ねんようになった

追い詰められた2人は、琵琶湖に小舟をこぎ出し、投身しようとする。

茂兵衛は最期の言葉として「とうからあなたさまをお慕い申しておりました」と、初めて真情を告白する。聞いたおさんは
「おまえの今の一言で死ねんようになった。死ぬのは嫌や、生きていたい」

とすがりつく。

2人に恋が生まれた瞬間だった。依田義賢が書いたこのおさんのせりふを読んで、溝口監督がぶるぶる震えだし「これでもう、この映画はできたようなものです！」と叫んだエピソードが、佐藤忠男著『溝口健二の世界』（平凡社）に収録されている。

▶キネマ旬報ベスト・テン5位。DVD が KADOKAWA より発売中。103 分。モノクロ。

1956年▼監督＝溝口健二 ⑤

『赤線地帯』

女は強く、男は情けない

原作＝芝木好子（一部）。脚本＝成沢昌茂。
出演＝若尾文子、三益愛子、京マチ子、木暮実千代ほか。

溝口健二監督の最後の作品となった『赤線地帯』は、1時間半足らずの上映時間でさまざまな女性の人生を描いた、密度が高い作品だ。京マチ子、若尾文子、木暮実千代ら春を売る女に扮《ふん》した女優陣に加え、沢村貞子、浦辺粂子らが印象深い演技を見せている。

売春防止法案が国会で審議されているころ、東京・吉原の特殊飲食店「夢の里」では、さまざまな事情を抱える女たちが働いていた。ナンバーワンのやすみ（若尾）は、疑獄事件で逮捕された父親の保釈金をつくるため、この店に来た。美貌を利用し、甘い言葉で男たちに貢がせ、同輩に金貸しをして貯金にいそしんでいる。

ミッキー（京）は神戸の金持ちの娘だが、父親に反抗してぐれ、吉原に流れてきた。ドライでわがまま放題に見えるが、弱い者を思いやる優しさがある。夫を亡くし、一人息子を育てるため身を落としたゆめ子（三益愛子）。病気の夫と乳飲み子を抱えたハナエ（木暮）。所帯を持つ夢を持つより江（町田博子）。

女たちが生きてきた時間と、それぞれに起きる出来事が、糸をより合わせるように描かれていく。息子に捨てられ気が狂うゆめ子や、どん底の生活を送るハナエのような絶望的なエピソードもあるが、映画全体の印象は決して暗くはない。むしろ、女たちの強さや潔さが、心に残る。

それにひきかえ、映画に出てくる男たちは皆、口先ばかりで、いいかげんで、情けない。だが観ているうちに、これが現実の男女の姿なのだろうと思わせる説得力がある。女性賛美の作品を撮り続けた溝口の世界観が、遺作でも貫かれている。溝口は、この作品でも厳しい演出を貫き、若尾は「死にたいと思うほどだった」と苦労話を明らかにしている。

赤線とは、連合国軍総司令部（ＧＨＱ）が、戦前からの公娼《こうしょう》制度（政府による管理売春）を廃止した際、特殊飲食店が集中する地域を地図上に赤線で区分したことから生まれた名称だ。地域内では売春が公然と続いた。

映画公開から２カ月後の１９５６年５月、売春防止法は国会で可決された。だが、性を商品として売買することが、なくなったわけではない。

心に残る名せりふ
何が文化国家よ

病気の夫と乳飲み子を抱えたハナエは、通いで「夢の里」で働いている。ある夜、自宅に戻ったハナエは、首つり自殺しようとしている夫を見つけ、制止して叫ぶ。

「あんた、どうして私の苦しさが分からないの」

「私たちは何も悪いことはしてこなかったのに、体を売らなきゃ生きられない」

「子どものミルクひとつ思うように買えないで、何が文化国家よ」

そして、夫にこう宣言する。

「私は死なないわよ。生きて、この目で見極めてやる」

ハナエを演じた木暮実千代が入魂の演技を見せる。

▶毎日映画コンクールで女優助演賞（沢村貞子）受賞。DVD が KADOKAWA より発売。86 分。モノクロ。

『秋刀魚の味』⑥

老いと孤独見つめた遺作

脚本＝野田高梧、小津安二郎。
出演＝笠智衆、岩下志麻、佐田啓二、岡田茉莉子ほか。

小津安二郎監督の遺作『秋刀魚の味』が公開されたのは、1962年11月だ。小津は翌年がんを発病。60歳の誕生日当日の12月12日に死去した。

小津は63年の初めには次作の準備を始めており、『秋刀魚の味』を〝最後の作品〟と意識して撮ったわけではない。にもかかわらず、この映画は、小津映画の集大成という言葉にふさわしい見事な出来になっている。新ヒロイン、岩下志麻のさわやかな美しさも併せ、『東京物語』（53）に並ぶ傑作と評価したい。

会社員の平山周平（笠智衆）は妻に先立たれ、24歳になる長女路子（岩下）、大学生の次男和夫（三上真一郎）と3人暮らし。学生時代からの友人、河合（中村伸郎）が、路子の縁談を持ち込んでも、「まだ、子どもだよ」と取り合わない。

だが同窓会に、あだ名が「ヒョータン」という恩師（東野英治郎）を招待したのがきっかけで、周平の気持ちが変化する。今は、娘（杉村春子）と2人で小さな中華料理店を営むヒョータンは、「男やもめの自分が娘を便利に使ってしまった」と、娘の婚期を逃したことを後悔しているのだ。

東野が絶品だ。貧しい暮らしをしている元教師が、成功した教え子たちに招かれる。卑屈なまでに小さくなっているくせに、食べたことがないハモをごちそうになると、「魚へんに豊のハモか」と、いかにも教師らしく知識をひけらかす。

河合や同窓生はそんなヒョータンを見下すが、周平は少し違う。誠実に向き合い「あんた方は幸せだ。わたしは寂しいよ。結局、人は独りぼっちですわ」というヒョータンの言葉を、自分のこととして受け止めるのだ。

家族のつながり、父と娘の愛情。そうしたテーマを繰り返し描いてきた小津は、実際は周平のような家庭人ではない。生涯独身で母親と2人暮らし。『秋刀魚の味』撮影の数カ月前に、母を病で失ったばかりだった。

映画のラスト。周平の顔は、老いと孤独の悲哀を残酷なまでに表している。その向こうに、同じ寂しさに耐えている小津自身の姿が、重なって見える。

小津映画の最後のヒロインとなった岩下は、撮影後「人間は悲しいときに、悲しい顔をするんじゃないよ」と言われる。それは岩下にとって今も「宝物のような言葉」だという。

心に残る名せりふ

負けてよかったじゃないか

ヒョータン先生が営む中華料理店を訪れた周平は偶然、海軍時代の部下、坂本（加東大介）に再会する。周平は駆逐艦の艦長、坂本は一等兵曹だったのだ。バーで軍艦マーチを聞きながら「どうして日本は負けたんですかね、おかげで苦労した」と愚痴る坂本に、周平は言う。

「でも、負けたほうがよかったんじゃないか」

坂本は一瞬考えて「うーん、そうかもしれないな。バカな野郎が威張らなくなっただけでもね」と同意する。自ら戦場を体験した小津安二郎の実感、と受け取っていいだろう。

▶キネマ旬報ベスト・テン8位。毎日映画コンクールで撮影賞などを受賞。「〈小津安二郎生誕110年・ニューデジタルリマスター〉秋刀魚の味」DVD、ブルーレイが松竹より発売。113分。カラー。

1963年▼監督＝黒澤明

『天国と地獄』犯罪映画の金字塔

⑦

原作＝エド・マクベイン。脚本＝小國英雄、菊島隆三、久板栄二郎、黒澤明。
出演＝三船敏郎、山崎努、香川京子、仲代達矢ほか。

何て面白い映画なんだろう！　中学生のとき、黒澤明監督『天国と地獄』を満員の映画館で観て、スリリングな展開に圧倒された思い出がある。

当時多発した誘拐事件がテーマだが、暗さはさほど感じなかった。むしろ、東海道線を走行中の特急列車を舞台にした身代金受け渡しシーンの迫力や、犯人特定につながる赤い煙（この煙だけカラーになる）の強烈な印象が、記憶に刻まれた。『用心棒』（1961年）『椿三十郎』（62年）、そしてこの作品。60年代初めの黒澤映画は、理屈抜きで楽しめた。この映画のすごさは、今観てもその娯楽性が全く風化していないことだ。安易に前後編などにせずに、2時間半足らずにドラマを凝縮して描く。それが映画の魅力だということを、あらためて教えてくれる。

横浜の高台に立つ豪邸。家のあるじで、製靴会社の重役、権藤（三船敏郎）は、自社株を買い占めて会社の実権を握ろうと画策している。そこに突然「息子を誘拐した。命が惜しければ3千万円用意しろ」という脅迫電話がかかってくる。

実は、犯人は権藤の息子と間違えて、運転手の息子を誘拐していた。だがそれが分かった後でも、犯人は要求を変えない。「運転手の子どもの命はおまえにかかっている」と脅す。権藤の妻（香川京

※『天国と地獄　【東宝DVD名作セレクション】』
好評発売中　発売・販売元：東宝

※

子）は夫に、子どもを助けるよう懇願する。

冒頭から、テンポの良さに舌を巻く。権藤という人物、家族関係、現在の状況などが、説明的ではなく、すっと目と耳から入ってくるように示される。権藤の手元に大金がある理由も、その金の重要さも観客はよく分かっているから、彼の葛藤がリアルに伝わってくる。

三船、香川、警部役の仲代達矢、犯人役の山崎努らの素晴らしさは、それだけでもう一本、原稿が書けるほどだ。ここでは例えば、後半でほんのちょっとだけ描かれる権藤への金の取り立て場面で、冷酷な債権者を演じているのが、山茶花究、西村晃、浜村純という一癖ある名優たちということだけを記しておきたい。それほどまでに、細部にもこだわった完璧な娯楽映画だった。

心に残る名せりふ

ここは地獄の釜の中さ

誘拐の翌日、犯人から権藤邸に電話がかかってくる。男は、日中なのに権藤邸のカーテンが閉まっているのを怪しむ。

「そこから見えるのか」と驚く権藤に、男は言う。

「どっからだって見えるよ、丘の上にお高く構えやがって。今日はこっちはうだっているんだ。ここは、それこそ地獄の釜の中さ」

権藤の豪邸がそそり立つ丘の下には、粗末な木造アパートなどが密集する地域が広がっている。男は、その「天国と地獄」のような落差をねたみ、権藤に対する異常な憎しみを抱いている。だがこの電話が後に、犯人特定につながっていく。

▶キネマ旬報ベスト・テン２位。毎日映画コンクールで日本映画大賞、脚本賞を受賞。143 分。モノクロ（パートカラー）。

1976年▼監督＝大島渚

『愛のコリーダ』

大島渚のタブーとの闘い

⑧

脚本＝大島渚。
出演＝松田英子、藤竜也、中島葵、芹明香ほか。

1936年に起きた阿部定事件を素材に、大島渚監督が75年に撮った日仏合作映画『愛のコリーダ』は、映画自体も「事件」と言えるほどの大きな反響を引き起こした。

なぜか？　それは、監督が「それまで禁じられていたもののタブーを破る」という明確な意志に基づいて作った「ポルノ映画」だったからだ。

日本で撮影した未現像のフィルムをフランスに送り現像、編集した映画は、76年5月のカンヌ国際映画祭で上映され、センセーションを起こした。だが、日本に〝逆輸入〟したフィルムは、税関審査で50カ所のカットや修整を求められ、さらに映倫審査で25カ所の音声が修整となった。

この〝検閲版〟の日本公開は76年10月。2000年に公開されたノーカット版も、税関と映倫の精査を受けてボカシが入っている。つまり、日本ではいまだに完全なかたちでの公開はされていないのが、現状なのだ。

東京の料亭に住み込みで働き始めた定（松田英子）は、料亭の主人、吉蔵（藤竜也）と深い仲になる。旅館で逢瀬《おうせ》を重ねるうち、定には吉蔵の身も心も独占したいという思いが強まっていく。そして、交わるときの快感を増すために、定が吉蔵の首をひもで締めるようになる。ある日……。

機会があれば、北米版のブルーレイなど〃完全版〃を観てほしい。

「見たかったものがすべて見せられたと感じる時、『猥褻《わいせつ》』は消え、その心の中のタブーも消え、ひとつの解放がうまれる」。大島が著書（『愛のコリーダ』三一書房）に記した言葉が、実感できるはずだ。

コリーダはスペイン語で闘牛。すべてを定にゆだねたような吉蔵の投げやりな優しさは、祝祭の歓喜の絶頂で犠牲になる牛のイメージに重なっていく。男と女が愛し合うとき、2人だけの世界ではこうしたこともありえる、と感じさせるリアリティがある。

大島渚は闘う映画監督だった。そして、この作品で彼が破ろうとしたタブーは、40年以上たった今も、あいまいに、だが厳然と存在し続けている。スタッフと出演者の勇気に改めて敬意を表したい。

心に残る名せりふ

ざっざっざっざっ

駆け落ちした吉蔵と定は、待合にこもって愛欲に溺れる。定が昔の愛人の所に金策に走った間に、吉蔵は散髪に行く。髪を切って待合へ帰ろうとした吉蔵は、長い軍隊の列とすれ違う。

「ざっざっざっざっ」。銃を肩にした兵隊たちの足音が響く。道の端には、日の丸の小旗を振る女たち。着流しの吉蔵は肩をすぼめて、行進の脇をすり抜けていく。

せりふはないが、吉蔵の目が、戦争に向かう時代の流れに背を向けた「無用の者」の決意を表している。藤竜也は「この場面があったから出演を決めた」と話している。

▶キネマ旬報ベスト・テン（外国映画）8位。DVD（2000年、日本公開版）が紀伊國屋書店より発売。109分。カラー。

1984年▼監督＝宮崎駿

『風の谷のナウシカ』

ジブリはここから始まった

⑨

原作＝宮崎駿。脚本＝宮崎駿。
声の出演＝島本須美、松田洋治、榊原良子、納谷悟朗ほか。

宮崎駿監督の長編アニメーション『風の谷のナウシカ』は、「子ども向けの映画」というアニメに対するイメージを180度変えた作品だ。

このヒットがきっかけで、翌年設立されたスタジオジブリは、以後『天空の城ラピュタ』（1986年）『となりのトトロ』（88年）『魔女の宅急便』（89年）『もののけ姫』（97年）などの傑作を次々に生み出してきた。まさに、世界のジブリがここから始まったのだ。

舞台は、「火の7日間」で巨大産業文明が崩壊してから千年後の地球。「腐海」と呼ばれる有毒ガスを発する森が広がり、人間の生存を脅かしていた。

「風の谷」の人々は、腐海のそばに暮らしながら、自然との共生を懸命に模索している。リーダー、ジル（声・辻村真人）の娘、ナウシカ（声・島本須美）は、腐海の守り主である巨大生物「オーム」と心を通わせることができる不思議な力を持ち、人々から敬われ親しまれていた。

ある日、軍事大国トルメキアの輸送機が、風の谷に墜落する。それを契機に、王女クシャナ（声・榊原良子）に率いられたトルメキア軍が侵攻してくる。強大な国家の建設を目指す彼らは、火の7日間で使われた、殺人破壊兵器「巨神兵」の復活を企てていた……。

あらすじを書いていくだけで、自然破壊や環境汚染に対する警告がちりばめられていることがよく分かる。さらに、東京電力福島第1原発事故を経験した後では、予言的な力すら感じてしまう。汚れた大地を前に「誰が世界をこんなにしてしまったのか」と嘆く人々や、その一方で「走りだしたら止められない」と兵器を開発する人間たち。映画で描かれているのは、われわれの現実そのものなのかもしれない。

作品が発表された84年には、環境問題に対する危機感は今ほど深刻に受け止められていなかった。そのことを考慮するだけで宮崎監督の先見性が実感できる。こうした宮崎監督の社会的、歴史的な視点は、97年の『もののけ姫』の大ヒットで、世界に広く伝わっていく。

理屈っぽくなってしまった。もちろん、この作品の最大の魅力は、ヒロイン、ナウシカの清らかな明るさと、その周囲の人々や動物の優しさであるのは間違いない。憎み合うことではなく、理解し合おうとすることで、希望が見えてくる。それが『風の谷のナウシカ』の大切なメッセージだ。

心に残る名せりふ　多すぎる火は何も生まない

トルメキア軍の司令官クシャナは、風の谷を制圧。腐海とともに生きていこうとしている住民たちに向かい演説する。

「われらは辺境の国々を統合し、王道楽土を建設するために来た。腐海を焼き払い、この地をよみがえらせるのだ」

だが、捕虜になった風の谷の古老たちは、クシャナにこう言う。

「多すぎる火は何も生みやせん。火は森を1日で灰にする。水と風は100年かけて森を育てるんじゃ」

人間と自然の関わり方についての、宮崎監督の基本的な考えがこの言葉に集約されている。

▶キネマ旬報ベスト・テン7位。ブルーレイがウォルト・ディズニー・ジャパンより発売。116分。カラー。

1985年▼監督＝伊丹十三

⑩

『タンポポ』
傑作ラーメン・ウエスタン

脚本＝伊丹十三。
出演＝山崎努、宮本信子、渡辺謙、役所広司ほか。

伊丹十三監督『タンポポ』は、遊び心に満ちた上質な喜劇映画だ。

緻密な計算とダンディズム、毒のある笑いが全編を貫き、何度観ても飽きない。公開時は国内での評価はさほど高くなかったが、米国や欧州でヒットしたことで、改めて日本でも見直された。そんな、いかにも伊丹監督らしいエピソードもある。紛れもなく、時代より何歩か先を歩んでいる人だったのだ。

タンクローリーの運転手ゴロー（山崎努）と助手のガン（渡辺謙）は仕事の途中、ふらりと、寂れたラーメン屋に寄る。

その店は、夫に先立たれ、小学生の一人息子を抱える女性タンポポ（宮本信子）が切り盛りしている。だが、自己流で作るラーメンはまずく、店は閑古鳥が鳴いていた。タンポポから店の再建を頼まれたゴローは、ガンや知り合いの力を借り、店を「行列のできる町一番のラーメン屋」に変える大作戦に取りかかる。

監督本格デビュー作の『お葬式』（1984年）が大ヒットした翌年、西部劇映画の傑作『シェーン』（53年）を縦軸にしたラーメン映画を作る、という構想でスタートした作品。「ラーメン・ウエスタン」という宣伝文句も秀逸だ。

食い道楽のせいで病院を乗っ取られたホームレスのセンセイ（加藤嘉）や、モチを喉に詰まらせたことから知り合う大金持ちの老人（大滝秀治）らの助けで、タンポポは「味の修業」をしていく。

この本筋とは無関係に、数多く収められている食を巡る奇想天外なエピソードも面白い。

白服の男（役所広司）がその愛人（黒田福美）と生卵を何度も口移しするシーン。危篤の妻（三田和代）が駆け戻ってきた夫（井川比佐志）に「飯を作れ」と励まされ、チャーハンを作って息を引き取るシーン。食べることはエロスや死と根源でつながっている、という監督のメッセージが込められているのだろう。

この映画を見て日本のラーメンにあこがれた、という外国人も多いと聞く。渡辺や役所ら出演者たちのその後の活躍も、この作品の、世界に通じるレベルの高さを証明している。

心に残る名せりふ　誰でもはしごを持っている

店の改造が進行する中で、ゴローとタンポポは2人で外食する。

「どうしてこんなに一生懸命にやれるんだ」

とゴローに尋ねられたタンポポは、こう答える。

「誰でも自分のはしごを持っている。そのはしごの精いっぱい上のほうで生きている人もいれば、はしごがあることも気付かず、地べたで寝転んでいる人もいる。それが、ゴローさんに会って初めて分かったのよ」

宮本さんに2014年にインタビューした。

「あのせりふが大好き。伊丹さんにいいせりふを言わせてもらった。これからもそんなふうに生きていきたい」

と話してくれたのが印象的だった。

▶キネマ旬報ベスト・テン11位。ブルーレイが東宝より発売。114分。カラー。

⑪『夢』黒澤明の最高のメッセージ

脚本＝黒澤明。
出演＝寺尾聰、笠智衆、原田美枝子、いかりや長介ほか。

黒澤明監督の記者会見で絶対にしてはいけない質問があった。「映画のメッセージは？」だ。監督が「くだらない」と烈火のごとく怒るからだ。でも実は、黒澤作品は強いメッセージが特徴だった。映画を観て感じるべきことを簡単に言葉で聞くな、というのが怒りの理由だろう。

この『夢』では、公開時80歳だった監督が、他の作品以上に率直にメッセージを発している。映画は「日照り雨」「赤富士」「水車のある村」など8話から成るオムニバス。各話の冒頭には、夏目漱石の短編小説「夢十夜」の書き出しの文章「こんな夢を見た」という文字が表示される。つまり、8話とも監督が見た夢で、幼年期は中野聡彦、少年期は伊崎充則、3話以降は寺尾聰が演じる「私」は、いずれも黒澤明本人なのだ。

きつねの嫁入りやひな祭りなど、幼時の思い出が幻想的に描かれた最初の2話は、戦死者たちの亡霊が現れる第4話「トンネル」で暗く転調する。ゴッホ（マーティン・スコセッシ）の絵の中に入っていく5話「鴉《からす》」でいったん救われるが、原発の爆発と放射能汚染の恐怖をまざまざと描き出した6、7話で再び暗転する。そして、この絶望的な2話があるからこそ、最後の美しい村で出会う103歳の老人（笠智衆）の、自然と共に生き、死すらも祝福して迎える生き方に心が洗われることになる。

※『夢』
【初回仕様】ブルーレイ￥4,700＋税／DVD ￥1,429＋税　ワーナー・ブラザース ホームエンターテイメント

1990年の公開時には、原発事故を描いた部分は不評だったという。だが、今見直すと、その予言性に感心する。「原発は安全だ。問題はないっていってぬかしたやつら、絶対に許せない」。幼い子を抱えた母（根岸季衣）の言葉は胸に刺さる。

『生きる』（52年）『七人の侍』（54年）などで黒澤と共同脚本を執筆した橋本忍は、『夢』を「映画監督の遺書としては、これ以上はない最高の作品」（『複眼の映※像』文藝春秋）と、評している。この見解に同意したい。時がたつにつれ、価値が分かってくる作品だ。漱石の「夢十夜」にあった性愛の香りがないのが、いかにも男の映画を撮った黒澤らしい。

心に残る名せりふ

自然あっての人間なのに

水車のある村を訪れた私は、小川の岸辺で水車の修理をしている老人にさまざまなことを尋ねる。老人は言う。

「人間は便利なものに弱い。便利なものほどいいものだと思って、本当にいいものを捨ててしまう」「近ごろの人間は自分たちも自然の一部だということを忘れている。自然あっての人間なのに、その自然を乱暴にいじくり回し、おれたちはもっといいものができると思っている」「自然が失われ、自分たちも滅んでいくことに気がつかない」。

黒澤明のあふれるような思いが名優、笠智衆を通して語られている。

▶キネマ旬報ベスト・テン4位。毎日映画コンクールで日本映画優秀賞、撮影賞、音楽賞受賞。119分。カラー。

1996年▼監督＝周防正行 ⑫

『Shall we ダンス？』

質の高さ、リメークが証明

脚本＝周防正行。
出演＝役所広司、草刈民代、竹中直人、渡辺えり子（現・渡辺えり）ほか。

周防正行監督『Ｓｈａｌｌ　ｗｅ　ダンス？』は、老若男女を問わず幅広い人々が楽しむことができる上質な娯楽映画だ。

『ファンシイダンス』（１９８９年）で僧侶の修行、『シコふんじゃった。』（92年）で弱小な大学相撲部の奮闘を描いた周防監督が、今回取り上げたのは社交ダンスだ。

前2作と同じように、一般的にはそれほど知られていない世界の魅力と、そこで情熱を燃やす人々の姿を、コミカルな描写を交えつつ、心温まるドラマに仕上げている。

杉山正平（役所広司）は、東京都内の会社に勤める40代前半の平凡なサラリーマンだ。郊外に購入した一軒家で、妻（原日出子）と中学生の娘（仲村綾乃）と3人暮らし。会社では経理課長に順調に昇進し、家庭は円満。何一つ不満はないはずなのに、心の中で、説明できない何かがざわざわと動き始めている。

そんなある日、彼は、通勤電車の途中駅のそばにある社交ダンス教室を訪れる。電車の中から何度か見た、教室の窓のそばに立つ美女（草刈民代）に惹かれたのだ。

杉山は、家族にも会社にも内緒で、教室通いを始める。最初は不純な動機だったが、個性的なダンス仲間たち（竹中直人、渡辺えり子、徳井優、田口浩正）と一緒に練習に励むうち、次第にダンスにのめり込んでいく。

一方、急に夫の帰宅が遅くなったことをあやしんだ妻は、浮気を疑い、探偵事務所を訪れる……。真面目に生きてきた男が、それなりの安定をつかんだ瞬間、自分の人生はこれでいいのか、と迷い始める。どんな人の人生にも、そんな一瞬があるのかもしれない。もちろん、この映画の杉山の迷いはそんなに深刻なことではないのだが。

役所が、覇気のない中年男から、目を輝かせて踊る美男子へと変貌する。周防作品の常連、竹中、田口は今回も笑わせてくれるし、ダンス教室のベテラン教師、たま子先生（草村礼子）など脇役陣も好演している。

海外各国で公開され、２００４年には米国でリチャード・ギア主演の『Ｓｈａｌｌ ｗｅ Ｄａｎｃｅ？』がリメークされた。世界が、素晴らしさを認めたのだ。

心に残る名せりふ　父さんの思い出のダンス

ダンス教室のおばさんダンサー、高橋豊子（渡辺えり子）は、ダンス仲間に毒舌を吐き、謝罪した後、フロアに倒れる。豊子を病院にかつぎこんだ杉山（役所広司）らの元に、豊子の娘（西野まり）が駆け付け、過労で気を失っている母親を見ながら話す。

「（ずっと以前に死んだ）父と出会ったのが、勤め先の会社のダンスパーティーだったんです。その時踊った思い出が忘れられないみたい。あんたに父さんのワルツ見せてやりたかったって」

社交ダンスにかける豊子の思いが一挙に伝わってくる場面だ。

▶キネマ旬報ベスト・テン１位。毎日映画コンクールで日本映画大賞、監督賞、脚本賞、男優主演賞、女優助演賞（草村礼子）などを受賞。DVD が KADOKAWA から発売。136 分。カラー。

⑬ 1997年▼監督＝河瀬直美

『萌の朱雀』
緑の風が吹き抜けていく

脚本＝河瀬直美。
出演＝國村隼、尾野真千子、和泉幸子、柴田浩太郎ほか。

河瀬直美監督『萌《もえ》の朱雀《すざく》』は、不思議な映画だ。

説明的な要素が極端に省かれているために、初めて観た時は、映画がかなり進んでも、登場人物たちの関係がよく分からなかった。だが、普通なら致命的な欠点になりそうな分かりづらさが、この映画に限っては不快に感じなかった。むしろ、想像力を刺激され、映画に引き込まれる要因になった。

そして、登場人物の姿が、次第に焦点を結んでくるにつれ、彼らの喜びや悲しみが、染み入るように感じられてくる。心の中を緑の風が吹き抜けていくような、さわやかな気持ちになった。カンヌ国際映画祭カメラドール（新人監督賞）受賞にふさわしい、みずみずしい感性にあふれた作品だ。

過疎化が進む山村で、田原家の家族5人は暮らしている。当主の孝三（國村隼《くにむらじゅん》）は村に鉄道を通す計画に期待をかけていたが、トンネルができた後に工事は中止になる。失望し、気力を失った孝三に代わって、幼いころから同居している孝三の姉の子ども、栄介（柴田浩太郎）が、一家を支えて働く。

孝三夫婦の娘みちる（尾野真千子）は高校生。兄のように慕ってきた栄介に淡い恋心を抱いているが、栄介はみちるの母親、泰代（神村泰代）にひそかな思いを寄せている。みちるはそれに気付き、母に嫉妬する。

田村正毅のカメラが素晴らしい。木々の葉が揺れ、雲が流れる。その映像だけでも、生命を感じさせるような力がある。田原一家が暮らす家の、窓の向こうに広がる山のなんと優しいことか。撮影地の奈良県西吉野村（現・五條市）で暮らす普通の人々が、数多く出演している。今や人気女優となった尾野も、地元の中学生で、学校のげた箱を掃除中に河瀬監督に発見され、主役に抜てきされたという。

こうした風土と一体になった人々の表情や方言が、映画にドキュメンタリーのような味わいを加えている。河瀬監督の、ふるさと奈良に対する愛情もよく伝わってくる。

心に残る名せりふ
あんな…好きやねん

孝三はある日突然、家族の前から姿を消してしまう。それからしばらくたって、妻の泰代は娘のみちるにこう切り出す。「実家、帰ろうと思うんやけど。みちる、どないする?」みちるは「おかあさんは帰りたい?」と尋ね、しばらく間を置いて、こう答える。

「おかあさん、私はここにおりたい」

結局、みちるは翻意して、母に同行することを決めるのだが、それは、みちるが栄介に告げる言葉で明らかになる。

「あんな…好きやねん。でも行くわ、お母さんと」

みちるの気持ちが、短いせりふでうまく表現されている。

▶キネマ旬報ベスト・テン10位。カンヌ国際映画祭でカメラドール（新人監督賞）受賞。毎日映画コンクールで撮影賞受賞。DVDがWOWOW・バンダイビジュアルから発売。95分。カラー。

1998年▼監督＝北野武 ⑭

『HANA-BI』金獅子賞に輝く北野映画

脚本＝北野武。
出演＝ビートたけし、岸本加世子、大杉漣、寺島進ほか。

北野武監督『ＨＡＮＡ－ＢＩ』が、第54回ベネチア国際映画祭で最高賞の金獅子賞を受賞したのは１９９７年の９月だ。51年の黒澤明監督『羅生門』（50年）、58年の稲垣浩監督『無法松の一生』（58年）に続く快挙。お笑いタレント、ビートたけしとして活躍しながら、89年に映画監督デビューした北野武は、７本目のこの作品で、世界の映画界にその名をとどろかせることになった。

刑事の西（ビートたけし）は、凶悪犯の張り込みの最中、同僚、堀部（大杉漣）の好意で、入院中の妻（岸本加世子）の見舞いに行く。西夫婦は幼い子どもを亡くしている。医師と面会した西は、妻の病は治療することができず、余命いくばくもないと知らされる。病院の西に、張り込み中の堀部が銃で撃たれたと連絡が入る。西は犯人を追い詰めるが、部下の田中（芦川誠）が犯人に射殺されてしまう。責任を感じ、職を辞した西は、妻の看護のかたわら、車いす生活を送る堀部や亡くなった田中の妻の援助を続けるが、やくざから借金を重ね、追い詰められていく。

実は監督自身は、この作品について「抑えた感じがあるよね。なんつうんだろう、結構お客に合わしてる感じがあるよね」（『今、63歳』ロッキング・オン）と、照れもあってか、控えめな評価をしている。だが、観る側からすれば、『あの夏、いちばん静かな海。』（91年）『ソナチネ』（93年）『キッズ・

リターン』(96年)などで北野作品を特徴づけた叙情性と暴力性が、程よくブレンドされているのが心地よい。

西は、まるでやくざ映画の中の高倉健のように無口で強いが、時に「ビートたけし」の、とぼけたブラックな笑いがあるのも好感が持てる。

北野ブルーと呼ばれる青みを帯びた画面、久石譲の音楽に加え、随所に挿入される監督自らが描いた水彩画が美しい。ほかの優れた北野作品と同じように、登場人物の何人かが、あっけなく命を落とす。北野武の映画には、死が色濃く影を落としている。

心に残る名せりふ

ありがとう…ごめんね

せりふが極めて少ない映画だ。特に、西の妻は、子どもを失った悲しみからか、言葉を失った状態が続いている。

その彼女が西に連れられ、2人で旅に出る。重い病を抱えた彼女は、時に笑顔を見せるが、依然言葉を発することはない。だが、そうした旅に終わりが来たと感じた時、彼女は夫に言う。

「ありがとう…ごめんね」

この二つの言葉に、全ての感情が込められている。何も説明することはいらない。夫と妻は分かり合っているのだから。

▶キネマ旬報ベスト・テン1位。ベネチア国際映画祭で金獅子賞受賞。毎日映画コンクールで日本映画優秀賞、男優助演賞（大杉漣）、撮影賞受賞。DVD、ブルーレイがバンダイビジュアルから発売。103分。カラー。ベネチア映画祭受賞は1997年、日本公開は98年8月のため、「1998年」とした。

2004年▼監督＝是枝裕和

『誰も知らない』

捨てられた子どもたち

⑮

脚本＝是枝裕和。
出演＝柳楽優弥、北浦愛、ＹＯＵ、韓英恵ほか。

映画はつくりものだけれど、時には「現実よりも現実的」と感じさせる力を持つ作品がある。是枝裕和監督『誰も知らない』は、そうした優れた映画の一本だ。

1988年に東京で実際に起きた子ども4人の置き去り事件をモチーフにしたこの映画は、見ている途中で、あまりにつらくなって、何度もやめようとした記憶がある。画面の中の子どもたちが、演技をしているのではなく、本当にそこにいるような気がしたのだ。

東京都内のアパートの2階の部屋に、「母子2人」の家族が引っ越してくる。母親のけい子（ＹＯＵ）は「小学校6年生」の長男、明（柳楽優弥）を連れて、3階に住む大家夫妻にあいさつする。だが、本当は、一家には明の下に、京子（北浦愛）、茂（木村飛影）、ゆき（清水萌々子）の妹や弟がいる。4人の子どもは、いずれも父親が違い、出生届が出されていなく、学校へも行ったことがない。

3人の幼い子どもたちの存在を隠した生活。けい子は、日中はデパートに勤務し、妹や弟の面倒は明がすべて引き受けている。だが、ある日、けい子は新しい恋人と暮らし始め、子どもたちは置き去りにされる。

どうしてこんなことが起きてしまうのか、なぜ周囲の大人たちは気付かないのか、助けないのか、

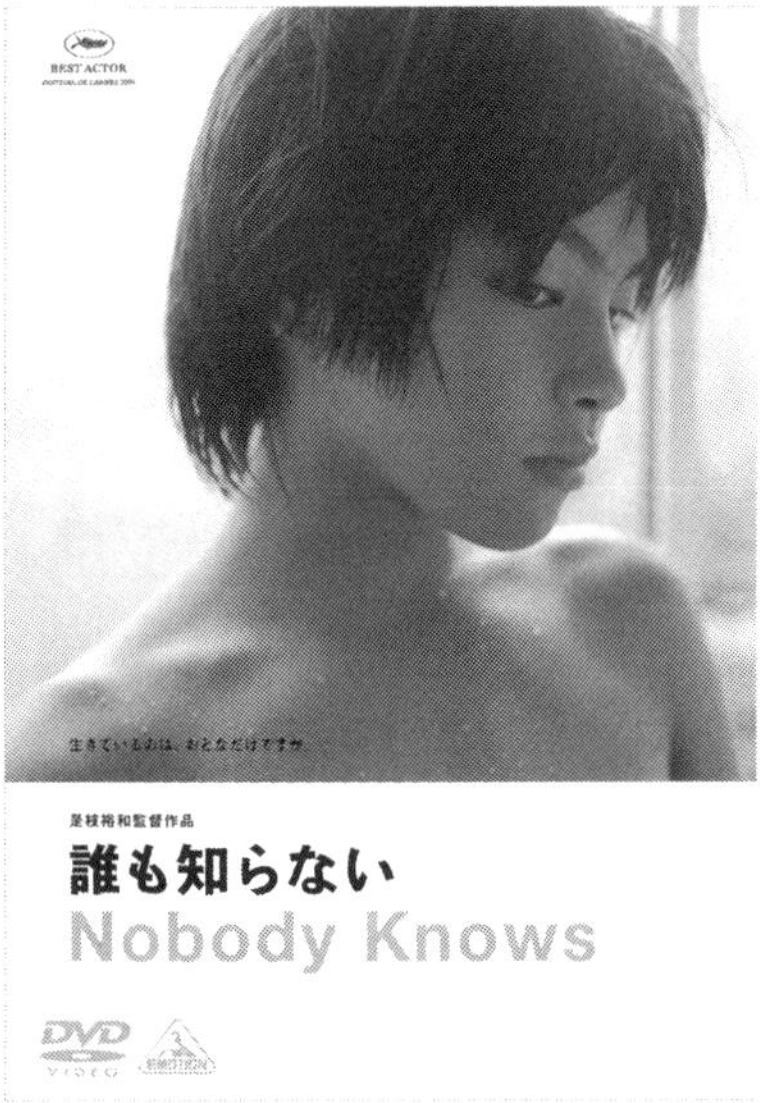

と叫びそうになる。だが、きっと実際にこの子たちと出会ったら、自分も何もしないのだろう。「誰も知らない」とは、そういうことなのだ。平和で豊かなはずの日本で、これに近いような出来事が今も数多く起きているのを、あらためて思い知らされる。

カンヌ国際映画祭で、日本人として初、しかも史上最年少で男優賞を受賞した柳楽はもちろん、子どもたちのコンビネーションが素晴らしい。母親役のYOU、子どもたちの唯一の友達になる少女を演じた韓英恵も適役だ。

つらい映画であるのは違いないが、見終わった後、清らかで美しいものが心に残る。そして同時に、自分自身の在り方も見つめ直してしまう。

心に残る名せりふ
幸せになっちゃいけないの

アパートを出ていった母親のけい子は、1カ月後にいったん、戻ってくるが、荷物をまとめて、再び出て行く。駅に向かうけい子は、送ってきた明とドーナツ店に寄り、明に「お母さん勝手なんだよ」と責められ、逆に切れる。

「何よ、その言い方。誰が一番勝手なの。あんたのお父さん一番勝手じゃないの。1人でいなくなって」

そして言う。「何なのよ。あたしは幸せになっちゃいけないの」

身勝手の極みのような言葉だが、母親を好きな明は、反論することはできない。けい子も不幸なのだ。大人になりきれていないのだ。

▶キネマ旬報ベスト・テン1位。カンヌ国際映画祭で男優賞受賞。毎日映画コンクールで日本映画優秀賞、録音賞、スポニチグランプリ新人賞（柳楽優弥）受賞。DVD がバンダイビジュアルから発売。141 分。カラー。

1950年▼監督＝今井正 ⑯

『また逢う日まで』

ガラス越しのキスの切なさ

原作＝ロマン・ロラン。脚本＝水木洋子、八住利雄。
出演＝久我美子、岡田英次、滝沢修、河野秋武ほか。

戦時中の日本社会は、死を美化し、庶民に死を強制した。それを裏付ける数多くの証言があるが、ここでは、映画監督篠田正浩の体験を紹介しておこう。1931年生まれ。「天皇が神だった時代の戦争体験を生々しく知っている」という篠田は、中学生だった45年3月、講堂に集められ「扇子で腹の切り方を練習させられた」。まさに、狂信の時代だった。

今井正監督『また逢う日まで』は、そんな時代に東京で出会った若い男女の恋の物語だ。田島三郎（岡田英次）は、クラシックと文学を愛する帝大生。空襲で退避した人混みで、偶然手が触れ合った蛍子（久我美子）の美しさにひかれる。三郎は、父（滝沢修）が裁判官、兄（河野秋武）は陸軍将校というエリート一家の一員。一方、蛍子は、母（杉村春子）と2人暮らしで、雑誌の挿絵を描きながらほそぼそと暮らしている。

再会した三郎と蛍子は、戦争を嫌う気持ちが共通していることなどから、次第に「一緒に生きたい」と願うようになる。

だが、恋愛自体が敵国的な習慣とみなされた社会では、2人がささやかな望みをかなえるのは、容

※『また逢う日まで』
好評発売中　発売・販売元：東宝

易なことではない。三郎が、戦争で人を殺すことについて懐疑的な意見を述べると、将校の兄は利己的だとなじる。「なぜ、正直に命が惜しいと言わんのだ」。万事がこんな調子なのだ。空襲が続く絶望的な状況で、2人はプラトニックな愛を懸命に育てていこうとするが……。

雪が舞う中、2人のガラス越しのキスが、切ない。戦前は「接吻《せっぷん》」場面は検閲で禁止され、戦後解禁に※なった。このガラス越しのキスは、そうしたキスシーンの中で、最も美しい映像として、語り継がれてきた伝説的な名場面だ。あまりにここが有名で、初めて観たとき、ほかにもキスシーンがあるのに驚いたことを覚えている。

心に残る名せりふ 今度会うとき、結婚しよう

召集令状を受け取った三郎は、蛍子の家へ別れを告げに来る。

「僕たち今度会うとき、結婚しよう」

三郎の言葉に蛍子は問う。

「今度って？」「無事に帰って来たとき」「それまで、それまで私も生きていなくちゃね」


厚生労働省によると、1937年の日中戦争開始以降の戦死者数は、軍人と一般国民を合わせて310万人に上る。戦況は絶望的で、戦場に行くことは、ほぼ死ぬことを意味していた。それだけに、2人が交わす誓いの言葉が悲しい。

▶キネマ旬報ベスト・テン1位、毎日映画コンクール日本映画大賞などを受賞。111分。モノクロ。

1954年▼監督＝木下恵介 ⑰

『二十四の瞳』
忘れない、大石先生

原作＝壺井栄。脚本＝木下恵介。
出演＝高峰秀子、天本英世、夏川静江、笠智衆ほか。

終戦直後の日本映画をリードした監督は、木下恵介、黒澤明の2人だ。

1946年に再建したキネマ旬報の同年のベスト・テンは、1位が木下監督『大曽根家の朝』（46年）だった。『二十四の瞳』は、木下が壺井栄の同名小説を原作に、54年に作った〝国民的映画〟だ。

「昭和三年四月四日」と字幕が出て、瀬戸内海に浮かぶ小豆島の岬の村の分教場に、新しい「おなご先生、大石久子」が赴任してくるところから、物語が始まる。

女学校の師範科を出たばかりの大石先生は1年生の担任になる。男の子5人、女の子7人、計12人の教え子たちの輝く瞳が、題名になっている。

久しぶりに見直し、「何とうまい映画だ」と、あらためて感心した。

大石先生を演じた高峰秀子が、自転車に乗ってさっそうと岬の村に登場するシーン。笠智衆扮《ふん》する男先生が、若くハイカラなおなご先生に困惑する描写。最初の授業で出欠を取る場面。子どもたちが、けがで学校を休んでいる大石先生の見舞いに行こうと、冒険を始めるところ。快調なテンポで、観客を引き込んでいく。

5年生になると、子どもたちは本校に通うようになり、先に転任していた大石先生と再会する。ここを不自然に見せないために、教え子のうち11組は現実の兄弟姉妹を選び、弟（妹）が分教場時代を、兄（姉）が本校時代を演じた。それほど丁寧に撮った映画なのだ。

後半、戦争に向かう時代の中で、教え子たちの運命は暗転し、大石先生はやりきれない思いに沈む。命を惜しむ言葉すら「アカ」とののしられ、「見ざる言わざる聞かざる」を強いられる。

戦争はいけない。強いメッセージに貫かれた作品だが、日本人の被害者としての面だけを描いているという批判もあった。確かに加害者としての戦争責任は忘れてはならない事実だが、この映画にそれも求めるのはかわいそうな気がする。

高峰が素晴らしい。大石先生は、戦後民主主義の理想を体現した女性として、まぶしく輝いていた。全編を通して流れる唱歌が懐かしい。

心に残る名せりふ　そう、先生弱虫

大石先生が、小学校卒業間際の教え子に、将来の夢を聞く場面がある。

「下士官になる、月給もらえるもん」

口をそろえて軍人になりたいと言う男の子たちに、先生は

「よく、考えなさいね」と諭す。

「先生、軍人好かんの？」

「ううん、好かんことないけど、でも漁師や米屋のほうが好き」

「先生、弱虫なんじゃ」

「そう、先生弱虫」

あの戦争の時代について、原作にこんな1行がある。

「いっさいの人間らしさを犠牲《ぎせい》にして人びとは生き、そして死んでいった」

威勢のいい言葉で若者を死地に送るのではなく、弱虫であることが大切なときもある。

▶キネマ旬報ベスト・テン1位。毎日映画コンクールの日本映画大賞と監督賞、脚本賞、女優主演賞、米ゴールデングローブ賞外国語映画賞などを受賞。「デジタルリマスター 2007」（DVD、ブルーレイ）が松竹より発売。156分。モノクロ。

1959年▼監督＝市川崑

⑱

『野火』

戦争はこんなにむごい

原作＝大岡昇平。脚本＝和田夏十。
出演＝船越英二、ミッキー・カーチス、滝沢修、浜村純ほか。

市川崑監督『野火』は、大岡昇平が自らの従軍体験を基に書いた小説を映画化した作品だ。

第2次大戦末期のフィリピン・レイテ島を舞台に、日本兵の悲惨な状況をリアルに描いた作品と聞いて、ためらう人もいるかもしれない。だが、それを乗り越えて、ぜひ観てほしい。とてもよくできた面白い映画であることが分かるはずだ。本当に怖いのは、こんな出来事がわずか七十数年前に現実にあったことだ。

田村1等兵（船越英二）は喀血《かっけつ》し野戦病院に行くが、自力で歩ける人間を収容する余裕はないと追い返される。所属する部隊に戻ると、病人は不要だからもう一度病院に行き、断られたら自決しろと命じられる。死を覚悟しつつ病院に向かった田村は、同じような状況の兵士たちと出会う。だが、米軍に病院が砲撃され、あてもなく山野をさまようことになる。

田村は、海辺の町で偶然出会った若い女性を射殺してしまった後、3人組の日本兵に合流し、軍の集結地だという港を目指す。だが、死の恐怖と飢えが、敗走する兵士たちを苦しめる。大勢の兵士が死に、かろうじて生き延びた兵士の中には、人肉を食べて命をつないでいる者すらいた。

平和な時には、ごく普通の平穏な暮らしを送っていた人々が、こんな生き地獄のような境遇に置かれる。それが、戦場の実態なのだ。市川監督は、極限状態に置かれた兵士たちの姿を淡々と描くことで、戦争のむごさをリアルに伝えることに成功した。

二枚目俳優として活躍した船越は、この作品のために絶食。頬はこけ、目だけをぎょろぎょろと光らせた別人のような顔で、入魂の演技を見せる。兵士役のミッキー・カーチス、滝沢修らも好演している。

タイトルは、作物がよく生育するように、農民が枯れた植物を焼く火のこと。普通の暮らし、平和の象徴でもあった。

『野火』は2015年、塚本晋也監督がリメークした。「はっきりと露骨な形で戦争のほうに向かっている時代だからこそ、作らねばならなかった」と、塚本監督は製作の動機を語っている。

市川作品と併せて観てほしい。

心に残る名せりふ　死んだら食べてもいいよ

雨期に入り、大雨が降るフィリピンの密林。銃撃や病気や飢えで死んだ仲間の体が転がるそばを、ぼろぼろになった日本兵たちが歩いて行く。

一人きりで歩いていた田村は、木の根元に座り込んで、何かぶつぶつとつぶやいている兵士（浜村純）に出会う。

兵士は泥を食べ、二の腕のところを指さしながら「俺が死んだらここを食べてもいいよ」と言う。田村は恐ろしくなって逃げ出す。

名脇役、浜村が、短い出番ながら、強烈な印象を残す。映画のトーンがここから大きく変わっていく。

▶キネマ旬報ベスト・テン2位。毎日映画コンクールで男優主演賞受賞。DVD が KADOKAWA から発売。104 分。モノクロ。

⑲ 1959〜61年▼監督＝小林正樹

『人間の條件』

軍隊の悪、生々しく描く

原作＝五味川純平。脚本＝松山善三、小林正樹（第一〜六部）、稲垣公一（第五、六部）。
出演＝仲代達矢、新珠三千代、佐田啓二、山村聡ほか。

「この世で一番怖いのは、お化けじゃなくて人間なんだよ」

全6部、計9時間半余りの小林正樹監督『人間の條件』を通して見直したとき、子どものころ、祖母に言われた言葉を思い出した。

人間は怖い。とりわけ、閉ざされた集団は。そうした集団が追い詰められたとき、人間に潜む獣性や悪しきものが、凶悪な姿を現してくる。

五味川純平が自らの体験を基に書いた同名のベストセラーが原作。肌で知った戦争の悲惨さ、軍隊の悪が、生々しく描かれているだけではなく、そうした記憶を風化させてはならないという強い思いが、原作、映画を貫いている。

昭和18（1943）年、旧満州。満鉄調査部に勤務する梶（仲代達矢）は、同僚の美千子（新珠三千代）と愛し合い、結婚。奥地の鉱山に赴任する。労務管理の責任者となった梶は、過酷な労働条件の改善を図るが、日本人の現場監督（小沢栄太郎）らの抵抗に遭う。

やがて、600人の中国人捕虜が鉱山に送り込まれてくる。彼らの処遇をめぐり、梶は憲兵（安部徹）らと対立。憲兵の残酷な斬首刑に抗議したことから、一兵士として戦場に送り込まれることになる。最前線の部隊で彼を待っていたのは……。

「戦争映画」という先入観を持つと、特に前半は大きくイメージを裏切られることになる。そこで徹底的に描かれるのは、鉱山や軍隊という組織内の悪だからだ。梶が闘わなければならないのは、敵の軍隊でなく、部下や現地の人々に対して、権力を振り回し、暴力をふるう同胞たちなのだ。

第4部の戦闘シーンは、目を覆いたくなるほどむごく、すさまじい。地面に穴を掘って、圧倒的なソ連軍の戦車部隊を待ち構える恐怖、悲惨さが、兵士の視点で描かれている。

正直に言って、心地よい時間を過ごせるわけではない。だが、一度は観るべき映画であるのは間違いない。

日本映画を代表する男優、仲代が「自らの青春をかけた」入魂の映画としても見逃せないし、小沢や安部に加え、三井弘次、金子信雄ら脇役陣の悪役ぶりを見比べるのも、一興だと思う。

心に残る名せりふ　君の所へ歩いて行くよ

軍隊で、ソ連軍の収容所で、どんなに非人間的な仕打ちを受けても、梶は妻の美千子を思うことで自分を支えてきた。

収容所を脱走した梶は、妻と暮らしていた地を目指して、独りさまよう。

彼は心の中で叫ぶ。

「美千子、誰が笑っても止めても、俺は君の所へ歩いて行くよ」

そして、こんなふうにも思う。

「君の所へ行くために、ずいぶんたくさん人を殺した。嫌わないでくれよ」

生き延びるためには、人を殺さなければならない。それが戦争なのだ。

▶キネマ旬報ベスト・テン5位（59年、1・2部）、10位（59年、3・4部）、4位（61年、5・6部完結編）。ベネチア国際映画祭サン・ジョルジョ賞、毎日映画コンクール日本映画大賞、男優主演賞、監督賞などを受賞。6枚組みDVDボックスが松竹より販売中。574分。モノクロ。

⑳

『戦争と人間』

壮大で平易な反戦歴史映画

原作＝五味川純平。脚本＝山田信夫（第一～三部）、武田敦（第二、三部）。
出演＝滝沢修、芦田伸介、浅丘ルリ子、吉永小百合ほか。

山本薩夫監督『戦争と人間』は、日本が戦争への道を歩んでいった昭和前期の激動の歴史を、新興財閥の一族とその周囲の人々の生き方を通して描いた、スケールの大きな反戦歴史映画だ。

滝沢修、芦田伸介、北大路欣也、高橋英樹、加藤剛、山本圭、石原裕次郎、三國連太郎、浅丘ルリ子、吉永小百合、佐久間良子、栗原小巻……。

出演者の名前を書き出していくだけで、その豪華さに改めて驚く。そして、3部作からなるこの映画を、1970年から73年にかけて日活が製作したという事実に、映画史的な意味や映画人の心意気を感じる。日活は当時、経営不振に苦しみ、71年からロマンポルノ路線をスタートさせていた。その一方で、3部作の合計上映時間が9時間を超すこの大作に挑んでいたのだった。

元々4部作の構想だったのに3部までで断念せざるを得なかったという事情もあり、物語に未消化なところや、安っぽい場面が時にある。だが、『忍びの者』（62年）や『華麗なる一族』（74年）『金環蝕』（75年）などの傑作を撮った山本監督らしい娯楽性と、戦争の絶対悪を告発する一貫性が、そうした弱点を十分カバーしている。

「第一部　運命の序曲」は、「昭和3年1月」に始まる。物語の中心になるのは、新興財閥、伍代一族。当主の由介（滝沢）や長男の英介（高橋悦史）、由介の実弟、喬介（芦田）など、中国大陸に利権を求めて、政治家や軍部に接近する者がいれば、次男の俊介（少年期は中村勘九郎、後に北大路）や次女、順子《よりこ》（少女期は佐藤萬理、後に吉永）など、リベラルな考えを持ち戦争への流れに反対する家族もいる。

満州事変、二・二六事件、盧溝橋事件、ノモンハン事件など歴史的な大事件と同時に、由介の長女、由紀子（浅丘）と陸軍の青年将校、柘植《つげ》（高橋英樹）との屈折した愛や、順子と反戦活動家（山本圭）とのいちずな恋など、何組かの男女の運命もメロドラマのように描いていく。

壮大さと、平易で通俗的なものが混在する。それが、山本監督の特長であるのだろう。財閥の〝闇の部分〟を担当する不気味な大陸浪人役の三國や、抗日パルチザンの朝鮮人指導者役の地井武男らが、いかにも山本監督好みのあくの強い人物を演じている。

いずれにせよ、なぜ、日本が愚かな戦争の道に進んだのか。考えるきっかけになる作品だ。

心に残る名せりふ　むやみに威勢のいい者が

伍代家の次男、俊介は軍部に戦争の無謀さを説いたために投獄され、釈放後、陸軍に入隊する。ソ連国境に近い前線で、姉の恋人だった柘植少佐に会った俊介は、軍の中枢が中国とソ連の二正面作戦を主張しているのは本当かと尋ねる。

柘植は言う。

「本当だ。二正面作戦というのは絵に描いた餅のようなものだ。軍部の中枢では、むやみに威勢のいい者が大勢を占めているようだ。その連中は大臣を下から揺さぶって、決裁を得た案が大命として下りてくる。この間に、絵に描いた餅が本当の餅らしくすり替わってくる」

誰もそれを止めることができなかった。

▶キネマ旬報ベスト・テン２位（第一部）、４位（第二部）、10位（第三部）。DVD、ブルーレイが日活から発売。第一部197分、第二部179分、第三部187分、計563分。カラー。

1972年▼監督＝深作欣二

『軍旗はためく下に』

戦争の悲惨さ、リアルに

㉑

原作＝結城昌治。脚本＝新藤兼人、長田紀生、深作欣二。
出演＝丹波哲郎、左幸子、三谷昇、中原早苗ほか。

戦後70年以上がたち、実際に戦争を体験している人は数少なくなった。だからこそ今、多くの人に観てほしい、優れた「戦争映画」がある。深作欣二監督『軍旗はためく下に』も、その一本だ。

1971年、富樫サキエ（左幸子）は、第2次大戦末期の南方戦線で、軍によって処刑されたという夫、勝男（丹波哲郎）の死の真相を突き止めようとする。

陸軍軍曹だった勝男は、戦後作成された名簿には「敵前逃亡により死刑」と記され、戦没者の遺族に支給される年金も全く出ない。だが、軍法会議の判決書はなく、勝男の敵前逃亡を裏付ける証拠は何一つないのだ。夫が所属していた部隊の生存者4人のリストを入手したサキエは、彼らを一人一人訪ねていく。果たして、彼女は夫の汚名をそそげるだろうか。

原作は、直木賞を受賞した結城昌治の同名の小説。「敵前逃亡」「上官殺害」など、陸軍刑法によって死刑を執行された兵士たちをめぐる五つの異なる物語からなる。映画では、サキエという主人公を生み出すことで、謎解き的な要素を強めつつ、一つの話にまとめた。過去のシーンはモノクロだが、飢えた兵士たちが人肉を食べるショッキングなエピソードなどでの、パートカラーも効果的だ。

生存者役の三谷昇、関武志、市川祥之助、内藤武敏はじめ、中村翫右衛門、ポール牧、中原早苗ら

「現在」の登場人物たちと、江原真二郎ら「過去」の兵士たちを演じる脇役陣が、そろって熱演を見せる。

原作にほれ込み、自ら映画化権を獲得した深作は、終戦時15歳。少年の自分を巻き込んだ戦争という巨大な暴力に、終生こだわり続けた。戦場で米兵を殺害するシーンは、73年から始まる代表作『仁義なき戦い』シリーズに通じる迫力とリアリティがある。戦争の傷痕を引きずり、国家からも繁栄からも見捨てられた人々の戦後を描いたという意味で、この映画はもう一つの『仁義なき戦い』でもあった。

戦争で一番ひどい目に遭うのは、最前線で戦う末端の兵士たちだ。戦場がどんなに悲惨なのか。この映画が教えてくれる。

心に残る名せりふ　下っ端は浮かばれない

元陸軍少尉の大橋（内藤武敏）は、訪ねてきたサキエに、師団参謀の千田少佐（中村翫右衛門）が富樫軍曹らの処刑を命じたことを話す。そして、千田が戦犯をまぬがれ、戦後は公団の役員を務め、今は悠々自適の暮らしをしていると教える。

「A級戦犯が総理大臣になってしまうくらいですからね。下っ端の人間が浮かばれないのは、戦争中も今も変わらないんです」。大橋は言う。

サキエは千田を訪ね、処刑に対する疑問を追及するが、千田は「秩序を守るために当然のこと」と平然と言い放つ。保身にたけた憎々しい男を翫右衛門が好演している。

▶キネマ旬報ベスト・テン2位。DVDが、デアゴスティーニ・ジャパンより「東宝・新東宝戦争映画DVDコレクション第43号」として2015年発売。97分。カラー。

1974年▼監督＝熊井啓

㉒

『サンダカン八番娼館　望郷』
忘れてはならぬ歴史がある

原作＝山崎朋子。脚本＝広沢栄、熊井啓。

出演＝栗原小巻、高橋洋子、田中絹代、田中健ほか。


「からゆきさん」と呼ばれた女性たちがいた。

「幕末から明治期を経て第一次大戦の終わる大正中期までのあいだ（略）北はシベリアや中国大陸から南は東南アジア諸国をはじめ、インド・アフリカ方面にまで出かけて行って、外国人に肉体を鬻《ひさ》いだ海外売春婦を意味している」（山崎朋子著『サンダカン八番娼館』文春文庫）

熊井啓監督『サンダカン八番娼館　望郷』は、大宅壮一ノンフィクション賞を受賞した山崎の原作を基に、からゆきさんだった1人の女性の過酷な生涯を描いた作品だ。

底辺の女性史をテーマとする研究者、三谷圭子（栗原小巻）は、天草を訪れる。かつて多くのからゆきさんを生んだこの地で、生き残りの女性を見つけ、体験を聞き出すことが目的だった。

もちろん、容易なことではない。拒絶に阻まれていた三谷は、食堂で偶然、おサキ（田中絹代）という元からゆきさんに出会う。三谷は、あばら家で1人暮らしをしているおサキの家に住み込み、自身の目的を伏せて、おサキから「外国の話」を聞く……。

何といっても田中が素晴らしい。溝口健二監督の名作『西鶴一代女』（98頁、1952年）で老いた娼婦を見事に演じた彼女は、22年後のこの作品では、悲しい過去を持つ老女になりきった。

※『サンダカン八番娼館　望郷』
好評発売中　発売・販売元：東宝

※

おサキが座っている場面の、足に注目してほしい。わざと行儀悪く座ることで、彼女が送ってきた生活を暗示している。三谷との別れを惜しむおえつからは、愛情や優しさと縁遠く生きてきた女性のつらさが、しみじみと伝わってきた。

かなりの部分を占める回想シーンで、おサキの若い時代を演じる高橋洋子も好演。高橋の明るさや清潔感が救いになった。栗原の真面目さも、役柄にマッチしていた。

近代日本の発展の影で、踏みにじられ、忘れられてきた女たちがいた。忘れてはならない歴史がここにある。その悲惨さを過度に強調せず、センチメンタルにもなりすぎずに、抑制した演出が作品に品格を与えた。

心に残る名せりふ　帰ったらいかん

サンダカン八番館の新しい主人になったおキク（水の江滝子）はスケールの大きな女性で、おサキたちは彼女の下で、ひとときの心の安息を得ることができた。おキクは倒れたとき、枕元に集まったおサキたちに「わしは日本へなど帰りとうなか」と言い、そのためにサンダカンに共同墓地を建てたことを告げる。そして、強い調子で言う。

「おまえたちも国へ帰ったら、ろくなことはなかぞ。帰ったらいかん」

からゆきさんは、国からも、故郷からも、家族からも、見捨てられた存在であることを、おキクは知っていたのだ。

▶キネマ旬報ベスト・テン１位。ベルリン国際映画祭最優秀女優賞（田中絹代）、毎日映画コンクール女優演技賞（同）などを受賞。121 分。カラー。

1976年▼監督＝市川崑

㉓

『犬神家の一族』お化け屋敷のような楽しさ

原作＝横溝正史。脚本＝長田紀生、日高真也、市川崑。
出演＝石坂浩二、島田陽子、あおい輝彦、高峰三枝子ほか。

幼いころ、祭りの時期にはお化け屋敷の小屋が建った。臆病なくせに行きたくてたまらず、親を困らせた記憶がある。

市川崑監督『犬神家の一族』は、そんなお化け屋敷のような、おどろおどろしい怖さと楽しさが全編にあふれる作品だ。

「信州財界の一巨頭、犬神財閥の創始者、日本の生糸王といわれる犬神佐兵衛翁が、八十一歳の高齢をもって、信州那須湖畔にある本宅で永眠したのは、昭和二十×年二月のことであった」。

横溝正史の原作の「生糸」を「製薬」に替え、「二十×年」を「二十二年」とした上で、映画は始まる。

佐兵衛（三國連太郎）の死から数カ月後、奇妙な遺言が原因で「血みどろな事件」が起きるのではないかと心配した法律事務所所員の依頼で、東京から探偵がやってくる。もじゃもじゃ頭で、よれよれのはかま姿。ご存じ、金田一耕助（石坂浩二）の登場だ。

金田一の到着を待つように殺人事件が起き、彼の捜査をあざ笑うように、殺人が続く。しかも、菊人形の首が生首にすげ替えられていたり、湖面から死体の足が突き出ていたり、発見される状況が尋常ではない。

重要な登場人物である佐兵衛の孫、佐清《すけきよ》（あおい輝彦）が戦場で大けがをし、仮面で顔を隠していることや、事件の鍵を握る珠世（島田陽子）が絶世の美女というのも、ドキドキ、ワクワクしてしまう設定だ。

けれん味たっぷりの原作を、市川監督が遊び心たっぷりに演出。それに、石坂はじめ俳優たちが見事に応えたのが、この映画の魅力なのだろう。

佐兵衛の3人の娘を演じた高峰三枝子、草笛光子、三条美紀はじめ、坂口良子、大滝秀治、加藤武、三木のり平、岸田今日子、小沢栄太郎ら豪華キャストが揃った。警察幹部の「よし、分かった！」、金田一の「しまった！」という決まり文句にも、シリーズのファンなら話に花が咲くだろう。

1980年代半ばにかけ、一世を風靡《ふうび》した角川映画の第1作でもある。2006年には、同じく市川監督、石坂主演のリメーク版も公開されている。

心に残る名せりふ　よし、分かった！

殺人事件の凶器とみられるおのがボートで見つかり、警察署では刑事たちが、美女の珠世と猿蔵という男があやしいと話している。それを聞いていた署長は、手をパチンとたたき
「よし、分かった！」

と大声で言う。

「珠世と猿蔵が犯人だ」

もちろん、早合点だ。

加藤武扮《ふん》するこの警察幹部は、市川崑監督の金田一耕助シリーズに欠かせない登場人物だ。作品によって役名も肩書も異なるが、「よし、分かった！」の口癖と、粉末胃腸薬にむせて噴き出すシーンで、人気者になった。

▶キネマ旬報ベスト・テン5位。毎日映画コンクールで撮影賞、音楽賞、録音賞、日本映画ファン賞を受賞。DVD、ブルーレイがKADOKAWAより発売。146分。カラー。

1983年▼監督＝小林正樹　㉔

『東京裁判』映像による歴史の教科書

脚本＝小林正樹、小笠原清。
出演＝佐藤慶（ナレーター）。

わずか七十数年前まで、この国は戦争をしていた。民間人80万人を含むおよそ310万人の命を失い、それをはるかに上回る他国の人々の命を奪ったあげく、戦に敗れた。なぜ戦争が始まったのか？ 戦争と敗戦の実態とは？ 戦争を知らない世代がそれらを実感する一つの手掛かりになるのが、極東国際軍事裁判（通称・東京裁判）の全貌を描いた長編ドキュメンタリー『東京裁判』だ。

自らが従軍、捕虜収容所生活も体験し、『人間の條件』（46頁、1959〜61年）をはじめとする作品で戦争と国家の悪を問い続けてきた小林正樹監督が、集大成として取り組んだ。米国防総省が第2次世界大戦の記録として撮影していた膨大なフィルムを中心に、戦前の日本のニュース映画なども交え、5年間で製作した作品は、まさに映像による歴史の教科書という言葉にふさわしい。

裁判は、46年5月3日、東京・市谷で開廷した。驚くのは、法廷シーンがドラマチックなことだ。3台のカメラを使い同時録音で撮影したという映像は、東条英機、広田弘毅らA級戦犯として起訴された28人の被告の表情を生々しく映し出す。妻を愛し裁判では沈黙を貫いた広田や、お互いの言い分を否定する被告同士の対立など、それだけで別の劇映画ができそうな場面もある。

映画では、法廷外の世界情勢の変化も描き、この裁判が、国際政治の駆け引きの場にもなったこ

※『東京裁判』
発売・販売元：キングレコード　DVD：￥3,800＋税　Ⓒ講談社

※

とを明らかにする。ソ連と敵対し、将来を見据えて、天皇の戦争責任は問わないと決めた米国の強い意志も伝わってくる。開廷から2年半後の48年11月、判決が言い渡され、東条、広田ら7人が絞首刑となった。この裁判については、戦勝国による報復の意味合いが強かったなどと批判する声がある。確かに、絞首刑の宣告に際しても、丁寧にお辞儀をする被告たちの紳士的な姿を見ると、同じ日本人として複雑な感情を抱いてしまう。

だが、彼らを含め〝優しい日本人たち〟が、戦争のさなかで残虐な顔を見せたことも、また事実なのだ。きなくささが急速に世界中にまん延する今、二度と戦争をしない道を考えるためにも、多くの人に観てほしい映画だ。

心に残る名せりふ

ろくに計画もできずに

28人は、侵略戦争を起こす共同謀議を行なったとして「平和に対する罪」などに問われた。だが、被告の一人、賀屋興宣（判決は終身刑）は、「軍部は突っ走るといい、政治家は困るといい、北だ、南だ、と国内はガタガタで、おかげでろくに計画もできずに戦争になってしまった。それを共同謀議などとは、お恥ずかしいくらいのものだ」と述べている。

たぶん、これは本当のことなのだろう。だから、罪がないという意味ではない。ろくに計画せずとも戦争は始まってしまう。その恐ろしさを、後世のわれわれは学ぶべきなのだ。

▶キネマ旬報ベスト・テン４位。ベルリン国際映画祭で批評家連盟賞受賞。毎日映画コンクール日本映画優秀賞。277 分。モノクロ。

1983年▼監督＝大島渚

『戦場のメリークリスマス』

屈折した西洋への愛憎

㉕

原作＝ローレンス・ヴァン・デル・ポスト。脚本＝大島渚。
出演＝デビッド・ボウイ、坂本龍一、ビートたけし、トム・コンティほか。

大島渚監督『戦場のメリークリスマス』は、第2次世界大戦中の日本軍の捕虜収容所を舞台にした映画だ。日本人としては振り返りたくない過去だが、戦争の足音が迫りつつあるように感じる今、多くの人に観てもらいたい。「生きて虜囚の辱《はずかしめ》を受けず」（「戦陣訓」）と死を美化し、それが投降した敵国の捕虜への虐待につながった。この国にそうした時代が再び来ないように、と心から願う。

１９４２年、ジャワ（現インドネシア）。連合軍の捕虜を収容する施設の所長ヨノイ大尉（坂本龍一）は、軍事裁判の被告、英国軍少佐セリアズ（デビッド・ボウイ）の美貌と勇気ある態度に魅せられ、命を救い、施設に移送する。収容所で、捕虜たちにじかに接する日本兵のリーダー格は、ハラ軍曹（ビートたけし）。暴力的だが優しいところがある彼は、日本語ができる英国軍中佐ロレンス（トム・コンティ）を重用し、2人の間には奇妙な親しさすらある。

だが、朝鮮人軍属カネモト（ジョニー大倉）がオランダ兵を犯したことから始まった一連の出来事への対応で、セリアズとロレンスは独房に入れられ、ヨノイはロレンスに処刑すると告げる……。

サーの称号を持つ英国の著作家、ローレンス・ヴァン・デル・ポストが自らの虜囚体験を基に書いた小説が原作。つまり、ヨノイもハラも、敵国の捕虜の目に映った日本人のイメージにほかならない。

※『戦場のメリークリスマス』
発売元：紀伊國屋書店　販売元：紀伊國屋書店　価格：￥4,800＋税

※

その像に、日本人である大島監督が命を吹き込んだ。そこがこの映画の面白さだ。ヨノイとセリアズ、ハラとロレンス。2組の屈折した愛憎や友情に、日本と西洋のさまざまな関係を見ることもできるだろう。今はなきボウイが美しい。坂本、たけしと共に俳優が本業ではない3人から、これほどの表情を引き出した大島演出はさすがだ。

それにしても、人間の集団はなぜ、「敵」に対して、恐ろしいほど残虐になれるのだろう。映画の中のロレンスの言葉を借りれば「自分は正しいと信じていた人々」がそれを行なったのだ。そのことは肝に銘じておかねばならない。

心に残る名せりふ　ファーザークリスマス

独房に入れられたロレンスとセリアズはクリスマスの夜、司令室に呼び出される。そこには酒に酔ったハラ軍曹がいた。ハラはロレンスに、にこやかに言う。「ファーゼルクリスマス。ご存じかな」。ロレンスはハラの言葉を察し笑い返す。「知ってますよ。ハラさん。ファーザークリスマス。サンタクロースのことですね」

その言葉にハラは満面に笑みをたたえて言う。「今夜、私、ファーザークリスマス、ファーザークリスマス」

そして、ハラは2人を独房から釈放する。まさに、戦場のメリークリスマスだった。

▶キネマ旬報ベスト・テン3位。英国アカデミー賞作曲賞（坂本龍一）、毎日映画コンクールで日本映画大賞、監督賞、脚本賞、男優助演賞（ビートたけし）、音楽賞受賞。123分。カラー。

1984年▼監督＝篠田正浩

㉖

『瀬戸内少年野球団』

こうして戦争は始まった

原作＝阿久悠。脚本＝田村孟。
出演＝山内圭哉、大森嘉之、佐倉しおり、夏目雅子ほか。

篠田正浩監督『瀬戸内少年野球団』は、淡路島生まれの作詞家、阿久悠の自伝的小説が原作。敗戦直後の瀬戸内海の島を舞台に、子どもたちの目を通して「戦後の実相」を描いた作品だ。

１９４５年８月15日、日本の降伏を伝える玉音放送が、島の国民学校の校庭に流れた。竜太（山内圭哉）と三郎（大森嘉之）は、初等科５年男組の同級生。担任は美しい駒子先生（夏目雅子）だ。駒子の夫、正夫（郷ひろみ）は出征して戦死。夫の両親は、弟、鉄夫（渡辺謙）との再婚を勧めている。

秋の新学期に、転校生が来る。海軍提督だった父（伊丹十三）と一緒に島にやってきた武女《むめ》（佐倉しおり）だ。彼女のりんとした美しさに憧れた少年たちは、進駐軍から武女と父親を守る、と誓い合う。やがて、進駐軍が島に上陸してきた。さらに、竜太と三郎は天神さまの森で、片足を失い松葉づえをつく傷痍《しょうい》軍人に出会う。彼は、死んだと思われていた正夫だった……。

バラケツ（ぐれん隊）に憧れる悪ガキ役の大森（その後、大林宣彦監督『青春デンデケデケデケ』［92年］などに出演）と、竜太を演じた山内（ＮＨＫ連続テレビ小説「あさが来た」などに出演）が名コンビ。彼らを支える大人の俳優たちも多士済々だ。この作品が演技者としては最後の出演映画に

なった夏目の輝くような美しさ、映画デビュー作である渡辺のスケールの大きさ、脇に回って作品を支える岩下志麻の腹の据わった演技など、見どころがたっぷりある。

戦争の生々しい傷痕も扱われているが、見終わった後は、瀬戸内海の陽光のような明るさと温かさに心が包まれる。それは「敗戦時に小学校3年生だった阿久悠は、アメリカ文化のシャワーを浴びて、見るもの聞くものが珍しいと素直に喜んだ世代に属する」（篠田監督）ことの反映だろう。

阿久より6歳年上の篠田の体験が加わり、作品に厚みを与えている。グレン・ミラー楽団のヒット曲「イン・ザ・ムード」が効果的に使われている。

心に残る名せりふ

私たち野球やりましょう

敗戦を境にした価値観の転換が、教育現場にも混乱をもたらしていた。

ある日、小学校の教室に、戦後のどさくさで大金を得た三郎の兄（島田紳助）と姉がやってきて、お菓子を生徒たちに投げ与え、大騒ぎになる。彼らが三郎と友達を連れて立ち去った後も動揺が収まらない生徒たちに駒子先生が言う。

「しっかりして竜太君。私たち野球やりましょう」

こうして、子どもたちは野球を始める。野球は、戦後の自由や希望、復興を象徴するスポーツでもあったのだ。

▶キネマ旬報ベスト・テン3位。毎日映画コンクールで日本映画憂愁賞、撮影賞、音楽賞などを受賞。143分。カラー。『瀬戸内少年野球団・青春篇／最後の楽園』『瀬戸内ムーンライト・セレナーデ』を共に収めた「瀬戸内三部作メモリアルDVDBOX」がポニーキャニオンより発売。

1989年▼監督＝降旗康男

㉗

『あ・うん』
誇りを持って生きる美しさ

原作＝向田邦子。脚本＝中村努。
出演＝高倉健、富司純子、板東英二、富田靖子ほか。

向田邦子の原作を基に、美しい女性をめぐる2人の男の厚い友情と信頼を描いた降旗康男監督『あ・うん』は、見どころがたくさんある映画だ。

まず、特筆すべきは、ヒロインを演じた富司純子《ふじすみこ》の17年ぶりの映画界への復帰だろう。1960年代に藤純子《ふじじゅんこ》の芸名で『緋牡丹博徒』シリーズなどで大活躍した彼女は、72年に尾上菊五郎（当時は菊之助）と結婚。いったん映画界を引退していたが、この作品で芸名を富司純子と改め、見事な演技で復活した。相手役を演じたのは、同じく60年代に任侠《にんきょう》映画の大スターだった高倉健と、プロ野球の名投手だった板東英二。『駅　STATION』（81年）や『鉄道員（ぽっぽや）』（99年）などの作品を残した降旗・高倉コンビを代表する一本としても見逃せない。

「昭和12年春」に物語は始まる。地方転勤から3年半ぶりに東京に戻ってきた会社員の水田仙吉（板東）と、妻たみ（富司）、娘さと子（富田靖子）一家は、水田の友人の門倉修造（高倉）が、全て用意を整えてくれた一軒家に居を定める。水田と門倉は、陸軍で知り合って以来、20年を超える友人で、さと子が「うちは門倉のおじさんを入れて4人家族みたいだね」と言うほど、親密な交際を続けている。

門倉は中小企業の社長で、妻（宮本信子）は、夫と水田一家の交流に溶け込めず疎外感を抱いてい

※『あ・うん　【東宝 DVD 名作セレクション】』
好評発売中　発売・販売元：東宝

※

る。男前なのに加え軍需景気で羽振りがいい門倉と、外見も性格も地味な水田とは全く対照的だが、神社や寺院に鎮座する「あ」「うん」の口の形をした一対のこま犬のような名コンビだ。

だが、彼らの関係に影を落とす出来事が起きる。門倉とたみが互いに愛情を抱きながら、決してそれを言葉に出すことがないからこそ保たれている3人の関係の危うさも、あらわになってくる。

『寺内貫太郎一家』や『阿修羅《あしゅら》のごとく』と同じく、修羅場の中におかしみを描く向田邦子の原作の特質が、この作品でもよく表れている。昭和10年代、軍靴の響きが高まる時代に、誇りを持って優しく生きた普通の人々を、美しく描いた作品だ。

心に残る名せりふ

我慢するのも愛情なんだよ

水田夫婦の娘さと子は、恋人が特高警察に捕まり、父親から別れるように言われた後、喫茶店で門倉に会って相談する。話の途中で、さと子は門倉に尋ねる。

「おじさん、お母さん好き?」　門倉はその問いには答えず、さと子の恋人の話に戻し、こう言う。

「会いたい時に会うのを我慢するのも愛情なんだよ」

そして続ける。

「さと子ちゃん、人生にはあるんだよ。諦めなくっちゃならないことが」

もちろん、門倉はその時、たみを諦めなければ、と自分自身に言い聞かせているのだ。

▶キネマ旬報ベスト・テン10位。毎日映画コンクールで日本映画ファン賞受賞。114分。カラー。

1990年▼監督＝篠田正浩

㉘

『少年時代』
学童疎開があった頃

原作＝柏原兵三、藤子不二雄Ⓐ。脚本＝山田太一。
出演＝藤田哲也、堀岡裕二、岩下志麻、河原崎長一郎ほか。

第2次世界大戦のさなか、小学校は国民学校という名前に変わり、子どもたちは「少国民」と呼ばれた。政府は、戦場で勇敢に死ぬのが立派な生き方と教育し、空襲から〝未来の兵隊〟を守るため、都市の子どもたちを農村などに疎開させることを奨励した。

篠田正浩監督『少年時代』は、そうした学童の疎開の実態を真正面から描いた作品だ。

1944年夏。東京に住む風間一家の末っ子、進二（藤田哲也）は、親戚を頼って、富山県に疎開する。

現地の国民学校初等科の5年男組に編入された進二に、級長の武（堀岡裕二）が近づいてくる。進二の疎開先の部屋を訪れた武は、本棚の『巌窟王』や『敵中横断三百里』などに目を輝かせ、本を借り、さらに進二がこれまでに読んだ本の物語を語ってくれと頼む。

だが、2人だけのときには親切な武は、同級生が一緒にいると、がらりと態度が変わる。その落差に戸惑い、ある日、武の命令に逆らった進二は、武が率いるグループから仲間外れにされる。

都会的で繊細な進二。いかにもガキ大将という感じの武。2人のコンビネーションが絶妙だ。子役には、東京の劇団に所属していた進二役の藤田以外、演技経験のない地元の子どもたちを起用。彼らの多様な個性を伸び伸びと引きだした篠田監督の演出が光っている。

原作は、柏原兵三が自らの疎開体験を基に書いた小説『長い道』と、これを漫画化した藤子不二雄Ⓐの『少年時代』。映画は、国民学校での軍事訓練やヒトラーが登場するニュース映画など戦中の映像も交えながら、少年たちの集団が持つ固有のルールやいじめなど、現代に連なる普遍的な問題に焦点を当てていく。

冒頭、進二が疎開する際、父親（細川俊之）にねだって、もらうバックルのエピソードが、ラストで生きる。映画の重要な舞台になるのは、学校に続く長い一本道。当時、富山県の農道は全部舗装されており、スタッフが舗装をはがし道沿いに木の電柱を植えて作った。

井上陽水の主題歌が流れる汽車のシーンや、大橋巨泉がジャズ好きの館主を演じた写真館の場面など、心に残る場面も多い。

心に残る名せりふ　東京もんに負けんように

進二が疎開している地域に、新たに東京から子どもたちが集団で疎開してくることになる。進二が通う国民学校に情報を伝えた同級生は

「東京もんに会いたいだろう」

と進二をからかう。

ここは、武が話をそらし、いったん進二は救われる。だが、その直後に、クラスにやってきた校長（芦田伸介）は、進二を見つけ

「よくできるそうだな」とほめた後、

「みんな、東京もんに負けんようにがんばらんにゃ、のう」

と、ほかの生徒たちに呼びかける。

悪意ではないのだが、疎開先でのこうした言葉が、進二の胸に突き刺さってくる。

▶キネマ旬報ベスト・テン２位。毎日映画コンクールで日本映画大賞、脚本賞などを受賞。DVDが小学館から発売。117 分。カラー。

『一枚のハガキ』
戦争は絶対にいけない

㉙

原作・脚本＝新藤兼人。
出演＝豊川悦司、大竹しのぶ、六平直政、大杉漣ほか。

『一枚のハガキ』は、2012年に100歳で亡くなった新藤兼人監督の最後の作品だ。

軍隊での体験を基にしたこの作品からは、「戦争は絶対にいけない」という強い思いが真っすぐに伝わってくる。「国のため」という言葉の下に、多くのかけがえのない命が失われ、生き残った人々も苦しみを背負い続けていかねばならなかった。「こんなことがあっていいのか」。戦死者たちの怒りを代弁するような主人公の叫びが、胸に響く。

第2次大戦の敗色が濃厚な1944年、松山啓太（豊川悦司）は海軍に召集され、中年男100人から成る〝掃除部隊〟に配属される。予科練の宿舎の掃除が終わると、上官がくじ引きし、100人のうち、94人は戦地に送られ、戦死する。戦後、生き残った松山は、ある日、戦死した戦友、森川定造（六平直政）から預かっていたハガキのことを思い出す。差出人は、森川の妻、友子（大竹しのぶ）。松山は、故郷を捨てブラジルに行こうと決意していたが、その前に、このハガキを森川の遺族に届けに行こうと思う……。

98歳のときに撮った作品の力強さに驚く。説明的な部分を切り捨て大胆に簡略化し、演劇的に様式化する。独立プロで低予算で工夫してきた経験と、映画と映像を知り尽くした大ベテランの技が、結

※『一枚のハガキ』
DVD 発売中　2,800 円（税込 3,024 円）東映ビデオ

※

実している。俳優たちもいい。豊川の明るさ。大竹の汚れ役。六平や大杉漣、柄本明、倍賞美津子、津川雅彦、川上麻衣子……。皆の演技から、新藤監督の「最後の作品」にかける心意気が伝わってくる。

『裸の島』（180頁、60年）『鬼婆』（64年）『午後の遺言状』（95年）などの傑作を残した新藤監督は、男女の性愛や庶民の生命力への賛歌と同時に、故郷・広島に投下された原爆への怒りと、反戦を訴え続けた映画人だった。『一枚のハガキ』は、まさにその集大成にふさわしい作品になった。『裸の島』を思い出させる、おけをかつぐ場面には、新藤作品を支え続けた妻の乙羽信子さんへのオマージュがある。「生きているかぎり、生きぬきたい」。最晩年の言葉通り、命を燃やした新藤兼人の遺言が、ここにある。

心に残る名せりふ

骨も戻らないんだ

森川友子は、訪ねてきた松山から、夫の定造はフィリピンに向かう途中、乗っていた船が米国の潜水艦に撃沈されて死亡したことを知らされる。遺骨として送られてきた白木の箱に、名前を書いた紙しか入っていなかった理由を知った友子は、部屋の柱にすがり、柱をたたいて泣き叫ぶ。

「潜水艦にやられて、海の底に沈んだんだ。あなた、冷たかったでしょう。骨も戻らないんだ。私を置いていったんだ」

そして、松山を「あんたは、どうして生きとるんじゃ」と責める。きっと、同じような悲劇が日本中であったのだ。

▶キネマ旬報ベスト・テン1位。毎日映画コンクールで日本映画大賞、脚本賞、美術賞、音楽賞、録音賞受賞。114分。カラー。

1952年▼監督＝新藤兼人 30

『原爆の子』

怒りと悲しみ静かに伝える

原作＝長田新編の作文集。脚本＝新藤兼人。
出演＝乙羽信子、滝沢修、北林谷栄、宇野重吉ほか。

広島に生まれ、広島を愛した映画監督、新藤兼人にとって、原爆の悲惨さを伝えることは、生涯を貫くテーマだった。

1950年、独立プロ近代映画協会を設立した新藤は、51年に被爆者の手記を集めた『原爆の子―広島の少年少女のうったえ』（長田新編、岩波書店）が刊行されると、映画化を企画。提携していた大映に提出した。

だが、当時はまだ連合国軍占領下。大映から企画を一蹴された新藤は、自主製作を決意する。劇団民藝の宇野重吉に相談し、製作費を民藝と近代映画協会で折半、民藝が俳優を、近代映画協会がスタッフを、出すことで同意した。独立プロの歴史にとって記念碑的な作品が、こうしてスタートした。

映画は観客の意表を突くような、平和な光景から始まる。主人公は、瀬戸内海の小島の小学校教師、石川孝子（乙羽信子）。広島で幼稚園の先生をしていた孝子は、原爆で両親と妹を失うが、自らは奇跡的に生き残る。

夏休みを利用して広島を訪れた彼女は、橋のたもとで物乞いをしている顔にケロイドがある老人が、元使用人だった岩吉（滝沢修）と気付く。岩吉は息子夫婦を失い、孫を施設に預け、掘っ立て小屋で暮らしていた。

孝子は岩吉に、孫を島に連れて行くことを提案。幼稚園の元同僚の家に泊めてもらいながら、生き残った3人の園児たちの消息を尋ねる。

被爆から7年。ロケで映し出される町には至る所に爪痕が残る。だが、映画に登場する被爆者たちは皆、驚くほど優しい。原爆で子どもを産めない体になった元同僚は言う。「あの日に死んだ人のことを思ったら、生きてるだけでもまだ幸せのほうよ」。彼女は「せめて、人の産む手伝いでも」と助産婦を務める。

彼らは、怒っていないわけではない。怒りと悲しみを忘れないために、そして、その怒りと悲しみを静かに未来に伝えるために、優しいのだ。

支配者におびえる映画会社に抗して、戦後初めて真っ向から原爆の悲惨さを描いた映画を作った新藤監督の勇気に、敬意を表したい。

心に残る名せりふ　毎日お祈りしています

幼稚園児のときに被爆、孤児になって教会に引き取られ、原爆症が悪化して死の床にある少女は、見舞いに来た孝子先生にこう言う。

「お父さんやお母さんのためにお祈りしようと思って、置いてもらうことにしたんです。でも、今では原爆で死んだたくさんの人たちのために、お祈りしています。こうして寝ていても、毎日お祈りしています。いつまでも平和が続くように神様にお願いしています」

自分のためにではなく、多くの死者たちのために、少女は祈っているのだ。彼女は続ける。「戦争はみじめです」

▶キネマ旬報ベスト・テン13位、チェコのカルロヴィ・ヴァリ国際映画祭平和賞など各国の映画賞を受賞。96分。モノクロ。

1954年▼監督＝本多猪四郎

㉛

『ゴジラ』全編貫く水爆への恐怖

原作＝香山滋。脚本＝村田武雄、本多猪四郎。
出演＝志村喬、河内桃子、宝田明、平田昭彦ほか。

『ゴジラ』という映画を、巨大怪獣の迫力を売り物にした子ども向けの娯楽シリーズと思っている人には、ぜひ第1作を観てほしい。本多猪四郎が監督した1954年の『ゴジラ』は、今の大人が観てもわくわくするような、質の高い映画であることが分かるはずだ。

この年の3月1日、太平洋のビキニ環礁近海で米国が行なった水爆実験によって、遠洋マグロ漁船第五福竜丸が被ばく。9月には、久保山愛吉・無線長が「放射能症」で亡くなった。この事件をきっかけに急速に広がっていた水爆への恐怖が、11月公開の『ゴジラ』全編を貫いている。

冒頭の場面は、第五福竜丸事件そのものを思わせるし、評論家の川本三郎が「ゴジラはなぜ『暗い』のか」という示唆に富んだ論考で指摘したように、逃げ惑う群衆や病院に収容されたけが人の姿は、東京大空襲や広島、長崎の原爆の犠牲者を思わせる。

もちろん、映画がヒットしたのはそうした理屈とは関係なく、大人も子どもも夢中になるほど、怖くて面白かったからだ。本多をはじめ、特撮担当の円谷英二、音楽の伊福部昭ら日本映画に大きな足跡を残したスタッフが結集。真剣に重ねた努力や創意と情熱が、至る所で実を結んでいる。

ゴジラの叫び声は、「タタタン、タタタン……」というおなじみのテーマ曲を作曲した伊福部が

※『ゴジラ　【東宝DVD名作セレクション】』
好評発売中　発売・販売元：東宝

「コントラバスの弦を革手袋で縦に引っ張って」出した音を基に作り上げた。CGを見慣れた目には、船や飛行機の特撮は確かにちゃちだが、ゴジラそのものは見せ方に工夫があり迫力十分、共感を呼ぶ哀愁も感じさせる。

主な登場人物は、古生物学者、山根博士（志村喬）。博士の娘、恵美子（河内桃子）。その恋人の尾形（宝田明）。恵美子の元婚約者、芹沢博士（平田昭彦）の4人。※

映画のラストで山根博士が「もし水爆実験が続けて行われるとしたら」と、警鐘を鳴らす。続編を計算したせりふでもあるだろうが、ここに日本映画が生んだ「ゴジラ」の原点の反核メッセージがある。

心に残る名せりふ

あーあ、また疎開か

ゴジラによる船の転覆事故が続発。電車の中では、ダンサーが連れの男の一人に「いやね。原子マグロだ、放射能雨だ、そのうえ今度はゴジラときたわ」と言う。

第五福竜丸事件をきっかけに水爆実験による海洋汚染が問題になり、放射能に汚染したとみられる大量のマグロが「原爆マグロ」「原子マグロ」と呼ばれ、廃棄された。

会話の続きでは、ダンサーが「長崎の原爆から命拾いした」と過去を明かすと、男は「あーあ、また疎開か。いやだなあ」とため息をつく。戦争の傷痕が生々しく伝わってくる場面だ。

▶97分。モノクロ。

1966年▼監督＝蔵原惟繕 ㉜

『愛と死の記録』
広島の若く悲しい恋人たち

脚本＝大橋喜一、小林吉男。
出演＝吉永小百合、渡哲也、芦川いづみ、浜川智子ほか。

１９６４年の暮れ、広島を訪れた作家、大江健三郎は、原爆病院の院長から、被爆した青年と、その婚約者に起きた悲しい出来事を聞く。

４歳の夏に被爆。10代後半で白血病を発症した青年は、治療が成功すると、病歴を秘して印刷会社に就職。「ひとりの娘と愛しあうようになり、婚約した」。だが、直後に病が再発し……。

大江が『ヒロシマ・ノート』（岩波新書）に記した実話が、蔵原惟繕監督『愛と死の記録』の基になっている。同じ吉永小百合主演の『愛と死をみつめて』（64年、斉藤武市監督）に比べて知名度は低いが、演出、映像、音楽、演技、どれを取っても一級品で、蔵原が日本のヌーベルバーグの一翼を担っていたことを実感させる作品だ。

広島市内の楽器店に勤める松井和江（吉永）は、印刷会社勤務の三原幸雄（渡哲也）と知り合い、たちまち恋に落ちる。

だが、２人の真剣な交際に、幸雄の病歴を知る印刷会社の上司（佐野浅夫）は難色を示す。体調に異常を感じた幸雄も、和江から遠ざかろうとするが、彼女のいちずな思いに押され、被爆者であることを告白する。

『キューポラのある街』（62年）や『復讐するは我にあり』（79年）などで知られる名カメラマン、姫田真佐久の映像が美しい。

橋の上での、和江と幸雄の出会い。海辺の道を2人乗りのバイクで疾走する場面。けんかして雨にぬれて歩く和江を幸雄が追い、その後ろから蒸気機関車が煙を吐きながら近づいてくるシーン。いくつもの名場面を通して、川の街・広島の優しさと、原爆の残酷な傷痕が、胸に迫ってくる。

吉永がみずみずしい。20歳の明るい女性が、恋人の過酷な運命を共に引き受けようとする。若さと豊かな感情が、さまざまな角度からのクローズアップで映し出されている。幸雄役に予定されていた浜田光夫のけがで、初めて吉永とコンビを組んだ渡も、限られた時間を懸命に生きようとする青年を好演した。

なぜ、原爆はいけないのか。

この若く悲しい恋人たちが、時を超えて、そのことを教えてくれる。

心に残る名せりふ　女じゃなあ！

幸雄は原爆症が再発して入院。和江は連日病院に通い懸命に看護する。天気がいい昼間、2人は外気に当たりに、病室から屋上に出る。洗濯物が風に舞っている。

「ええ風じゃ」と喜び、かしこまって感謝の言葉を口にする幸雄を、和江は笑い飛ばす。そして「うちなんか、夕べから何考えよると思う。カーテンの色。2人で入るアパートの」と励ます。

「女じゃなあ！」。

幸雄はうれしそうに言う。その後、和江は決意を告げる。

「うちはもう、幸雄、あんたの妻よ」

▶キネマ旬報ベスト・テン11位。DVDが日活より発売（販売元はハピネット）。92分。モノクロ。

1970年▼監督＝熊井啓

『地の群れ』

差別を生み出す心を問う

33

原作＝井上光晴。脚本＝井上光晴、熊井啓。
出演＝鈴木瑞穂、松本典子、寺田誠、紀比呂子ほか。

敗戦から立ち直り、復興の道を歩む戦後の日本で、繁栄から取り残されていった人々がいた。熊井啓監督『地の群れ』は、そんな底辺の社会を直視し、さまざまな差別の実態やそれを生み出す人の心の弱さを、真正面から描いた作品だ。

1960年代後半、長崎県佐世保市で診療所を開く医師、宇南（鈴木瑞穂）の患者には、深刻な問題を抱える人が多い。長崎に投下された原爆による胎内被爆が原因で、原爆症を発症したとみられる女性がいた。だが、母親（奈良岡朋子）は差別されるのを恐れ、自身が被爆者であることを、かたくなに否定する。ある日、被差別部落に住む徳子（紀比呂子）が「暴行された証明書を書いてほしい」と診療所を訪れる。被爆者たちがまとまって住んでいる集落の男に、襲われたのだ。

徳子の悲劇は宇南に、自らが犯した過去の過ちを思い出させる。戦前、海底炭田の島で暮らしていた10代の頃、朝鮮人の少女を妊娠させ、捨てた。少女は死に、彼は一切責任を取らず、大学に進み医師になったのだった。徳子が乱暴された事件はその後、差別された者同士が憎み合い、集団でぶつかり合う悲劇を招くことになる……。

できれば目をそらしたいような無残な出来事が、これでもか、これでもか、と言わんばかりに突

※『地の群れ』
発売元：ＤＩＧレーベル（株式会社ディメンション）

※

きつけられてくる。安定した生活を送っていると見えた宇南が、実は少女のことだけではなく、被差別部落や50年代の左翼の革命運動にも個人的な負い目を持っていることが、物語の進行とともに明らかになっていく。68年に佐世保で起きた米原子力空母エンタープライズの寄港阻止闘争の映像など、監督のジャーナリスティックな視点が伝わってくる。徳子の母親役の北林谷栄と、乱暴した男の父親役の宇野重吉との対決など、名優の演技も見応えがあった。

大切なのは、映画の中の出来事は、今の私たちにとって無縁な「過去の記憶」ではないということだ。憎しみと差別が支配した時代が、再び来ることがないように！　この映画には、そんな祈りも込められている。

心に残る名せりふ

日本中そうじゃないですか

娘の病気の原因が原爆だと認めようとしない母親は「原爆病といわれたら、娘の一生はめちゃめちゃになる」と言う。そして、その場を取りつくろおうとして、被爆者たちの住む集落を「私はほかの人みたいに、あそこを変なふうに考えとるわけじゃなかとです。普通の人と違ってるとも思っとらんし」と言う。その言葉に対して宇南は怒る。「もし、あそこが変な部落なら、長崎も広島も、みんな変な部落になるでしょう」「日本中そうじゃないですか」。宇南は、被爆が差別の理由になるならば、敗戦した日本全体が差別の対象になるのではないか、と言いたいのだ。

▶キネマ旬報ベスト・テン5位。毎日映画コンクールで女優助演賞（奈良岡朋子）、音楽賞を受賞。127分。モノクロ。

1989年▼監督＝今村昌平 ㉞

『黒い雨』 にんげんをかえせ

原作＝井伏鱒二。脚本＝石堂淑朗、今村昌平。
出演＝田中好子、北村和夫、市原悦子、小沢昭一ほか。

1945年の8月6日、広島に投下された原爆は、すさまじい熱線や爆風で多くの命を瞬く間に奪った。さらに放出された大量の放射線による急性障害も重なり、12月末までに14万人もの人々が亡くなった。

だが、悲劇は、それだけでは終わらなかった。

今村昌平監督『黒い雨』は、原爆投下から5年後の広島県の小さな村を舞台に、原爆症で命をむしばまれていく人々の恐怖と悲しみ、怒りを、静かに描いた作品だ。

閑間《しずま》重松（北村和夫）は、同居しているめいの矢須子（田中好子）の縁談がうまくまとまらないことで心を痛めている。

戦争中、広島市内で暮らしていた矢須子は、爆心地近くにいた重松夫妻とは違い、直撃を受けてないのに、「原爆病患者」とうわさを立てられているせいなのだ。

うわさを打ち消すため、重松は、当時の矢須子の日記を清書するよう妻シゲ子（市原悦子）に命じる。シゲ子は、日記の「黒い雨」の部分は省略したほうがいいのではないか、と夫に進言する。

矢須子がきのこ雲を見た直後、小舟に乗って市内に戻ろうとし、途中で「万年筆ぐらいな太さの棒のような」黒い雨に打たれたという部分だ……。

原作は、被爆者たちの日記や体験談を基に書かれた井伏鱒二の同名の小説。今村監督は、原作に克明に描かれた投下直後の地獄絵図を、努めて抑制したタッチでリアルに映像化する一方、原作にない元特攻隊員のエピソードなどを加え、ヒロイン矢須子の悲劇に焦点を当てている。

2011年、55歳で亡くなった田中の代表作。公開当時、それまではキャンディーズの「スーちゃん」のイメージが強かった田中の見事な演技に驚いたのを記憶している。

つらい気持ちになるのは間違いない。だが「戦争というものは、老若男女を鏖殺《なぶりごろ》しにする」（原作より）ことや、原爆が絶対に許せない悪であることを忘れないために、多くの人に観てもらいたい一本だ。これは悪夢ではなく、本当に起きた出来事なのだ。

「にんげんをかえせ」（峠三吉の詩の一節から）。そう叫びたくなる。

心に残る名せりふ

死にきれんのう

被爆者の庄吉（小沢昭一）は、原爆症が重くなり寝込む。見舞いに来た重松に、庄吉が尋ねる。

「わし、前から不思議でならんのじゃが、アメリカはなんで原爆落としよったんじゃろ。ほっといても、日本の負けは決まっとるのに」

戦争を早く終わらせるためという理由なら、なぜ東京に落とさなかったのか？　庄吉の問いに重松が「よう分からんの」

と答えると、庄吉は言う。

「よう分からんじゃ死にきれんのう……。このまま死ぬるんはかなわんで」

見えない力にずたずたにされ、自分ではどうすることもできない。理不尽さに対する絶望的な怒りが表現されている。

▶キネマ旬報ベスト・テン1位。毎日映画コンクールで日本映画大賞、女優主演賞、美術賞受賞。DVD が東北新社より発売。123 分。モノクロ。

2004年▼監督＝黒木和雄 ㉟

『父と暮せば』被爆の悲劇忘れるな

原作＝井上ひさし。脚本＝黒木和雄、池田真也。
出演＝宮沢りえ、原田芳雄、浅野忠信ほか。

1945年8月、広島と長崎に投下された原爆は、地上に地獄を現出させた。一瞬のうちに大勢の人々の命が奪われ、生き延びた人々も、放射能による後遺症などで苦しみ続けることになった。黒木和雄監督『父と暮せば』は、1組の父と娘を通して、被爆の悲劇を痛切に描いた作品だ。

48年夏の広島。図書館に勤める福吉美津江（宮沢りえ）が、雷におびえながら家に戻ると、押し入れの中から父の竹造（原田芳雄）が現れる。竹造も「ピカ」を思い出して、隠れていたのだ。2人の会話から、父親は実は3年前の原爆で亡くなっていること、23歳になった娘が図書館に原爆資料を探しに来た木下（浅野忠信）に恋心を抱いていること、父親は娘の「恋の応援団長」として幽霊になって出てきていることなどが分かる。

「（美津江が木下に感じた）ときめきから、わしの胴体ができたんじゃ、ため息から手足ができ、願いからわしの心臓ができとるんじゃ」

だが、娘は、父親の応援を素直に受け入れることはできない。「原爆病」の恐怖もあるが、それ以上に、自分だけが生き延びてしまったという罪の意識が、彼女を苦しめているのだ。

「うちは幸せになってはいけんのです。うち、人を好いたりしたらいけんのです」

父親は、そんな悲しい決意をしている娘を励まし、何とか翻意させようとする。自分の分も、娘に生きてほしいからだ。

94年に初演された井上ひさしの同名の戯曲が原作。核爆弾が、どれほど多くの人の人生をずたずたにするのか。それが、どんなにむごく、恐ろしいことなのか。それを後世に伝えなければならない、というい強いメッセージが感じられる。「核攻撃」という言葉がためらいもなく飛び交うようになった今、唯一の被爆国である日本が発信しなければならないこと、その原点がここにある。

原田、宮沢のコンビネーションが見事だ。原作者、井上の言葉の力を生かしながら、舞台とはひと味違う、映画ならではの見せ方にも成功している。

心に残る名せりふ

なひてあんたが生きとるん

美津江の仲良しだった昭子は、原爆投下直後に死亡。3日後、昭子の元を訪ねた美津江は、被爆し重傷を負って寝込んでいる昭子の母親に会う。母親は美津江の顔を見ると「よう来てくれた」と抱き締める。ところが、昭子の話をしているうちに顔色が変わり、美津江をにらみつけて言う。

「なひて、あんたが生きとるん！　うちの子やのうて、あんたが生きとるんは、なんでですか」

悲しいとしか言いようがない。この部分は、この作品の続編ともいえる山田洋次監督『母と暮せば』（2015年）でも、息子を亡くした母親の言葉として使われている。

▶キネマ旬報ベスト・テン4位。毎日映画コンクールで監督賞受賞。DVD がバンダイビジュアルから発売。99 分。カラー。

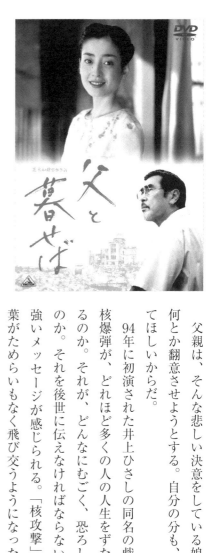

2007年▼監督＝佐々部清

36

『夕凪の街　桜の国』
語り継がねばならぬこと

原作＝こうの史代。脚本＝佐々部清、国井桂。
出演＝田中麗奈、麻生久美子、藤村志保、堺正章ほか。

佐々部清監督『夕凪《ゆうなぎ》の街　桜の国』は、『原爆の子』（1952年）『黒い雨』（89年）『父と暮せば』（2004年）などに連なる、広島の原爆の悲劇を描いた優れた日本映画だ。

2016年に大ヒットしたアニメ映画『この世界の片隅に』の原作者、こうの史代の漫画が原作。『この世界―』と共通する叙情性と、劇中で生き生きと描かれる恋愛感情など、青春映画としても傑作になっている。

二つのパートから成る作品で、前半『夕凪の街』のヒロインを演じた麻生久美子が素晴らしい。役柄にぴったりなたたずまいが、映画全体にリアリティを与えている。

原爆投下から13年後の広島。平野皆実（麻生）は、母のフジミ（藤村志保）と川沿いのバラックで暮らしている。ある日、勤め先の会社の同僚、打越（吉沢悠）から愛を告白されるが、原爆で死んだ父や妹らを助けることができず自分が生き残っているという罪の意識から、素直に応じることができない。

皆実のそうした感情を受け止め、真剣に愛し続ける打越に、やがて皆実の心が動き始める。だが、そのとき、彼女の体に原爆症が現れる……。

後半の『桜の国』は、皆実が亡くなって50年後の物語になる。皆実の弟、石川旭（堺正章）の娘、七波（田中麗奈）は、最近、父親の様子がおかしいのを心配し、外出した父の後をつける。途中で、小学校の同級生だった東子（中越典子）と再会。東子も七波と一緒に、旭を尾行する。旭は電車から深夜の長距離バスに乗り込む。行き先は広島だった……。

原作者のこうのは、68年広島市生まれ。家族や親族に被爆体験者はいなく、03年に『夕凪の街』を発表するまで「『原爆』にかんするものは避け続けてきた」という。そうした自分自身を見つめ、惨禍の実態や歴史を調べることで、自らつかんだ大切なものが、作品の中に脈打っている。ここには、今も語り継がねばならないことが、確かにある。

佐々部監督は、原作の流れに沿いながら、前後半に一貫性を持たせるために、多少の改変を加えた。それをどう評価するか。できれば、映画と共に原作も読み、自分の答えを出してほしい。

心に残る名せりふ　この世におってもええんかね

打越から「好きな人へのプレゼント」というハンカチを受け取った直後、皆実は原爆が落とされた日の地獄の情景を思い出す。

「おまえの住む世界はそっちではない」

と誰かが言っているのが、頭の中で聞こえてくる。皆実は打越に聞く。

「教えてください。うちは、この世におってもええんかね」

打越の頼みで、皆実は他人に話すことがなかった原爆のことや死んだ家族のことを話す。聞き終わった打越は、皆実を抱きしめて言う。

「生きとってくれて、ありがとうな」

▶キネマ旬報ベスト・テン9位。毎日映画コンクールで女優主演賞（麻生久美子）受賞。DVDがセガ、東北新社から発売（販売元は東北新社）。118分。カラー。

2015年▼監督＝山田洋次

37 『母と暮せば』

人間のすることではない

脚本＝山田洋次、平松恵美子。
出演＝吉永小百合、二宮和也、黒木華、浅野忠信ほか。

山田洋次監督『母と暮せば』は、長崎の原爆の悲劇を、原爆をテーマにした他の名作と同じように、静かな怒りと深い悲しみを込めて描いた作品だ。

1994年に初演、2004年に映画化された井上ひさしの戯曲『父と暮せば』と対をなす作品。井上が生前、タイトルだけを決めていた企画を、山田監督が原爆投下から70年の年に映画化した。広島を舞台に、原爆で死んだ父親の亡霊が娘の前に現れる『父と暮せば』（78頁）と対照的に、息子の亡霊が母親の元に現れるストーリー。練り上げられた見事な脚本と、円熟の域に達した山田の演出で、時間を超えて生きる力を持つ作品になった。

48年8月9日。助産師の福原伸子（吉永小百合）は、次男浩二（二宮和也）の恋人だった佐多町子（黒木華）と一緒に、浩二の墓に参った。長崎医科大の学生だった浩二は3年前、授業中に原爆の直撃を受け、即死した。

夫は病死、長男は戦死して、浩二と2人暮らしだった伸子は、遺骨も見つからない息子の死を受け入れることができなかったが、墓前で「もう、諦めよう」と決意する。

すると、帰宅した伸子の前に、突然、浩二の亡霊が現れる。伸子が諦めたから「やっと出てこられた」というのだ。伸子は、息子の亡霊に喜び「あんたは元気?」と聞いて、笑われる……。

物語の核心になるのは、母親の愛情だ。理性では、町子に、死んだ息子のことを忘れて新しい幸せを見つけてほしいと願いながら、いざそれが現実になると、町子を許せない気持ちに苦しむ母親を、吉永が熱演している。

二宮、黒木はじめ共演者はいずれも好演。特に、独り暮らしの伸子に好意を寄せる「上海のおじさん」役の加藤健一が、映画に明るさと笑いを与えている。短い場面だが、復員局職員役の小林稔侍と子役の本田望結《みゆ》の演技は涙を誘う。

原爆投下の瞬間のすさまじさ。失われた命を暗示する小さな光。映像的な見どころも多い。心に残るのは、墓地で死者を悼む男が叫ぶ言葉だ。

「人間のすっことではなか(することではない)」

絶対に、悲劇を繰り返してはならない。

心に残る名せりふ　これは防げたことなの

亡霊の浩二は、自分が原爆で死んだことを「それが僕の運命さ」と、母親の伸子に言う。

「運命?」

伸子は反応する。

「例えば、地震や津波は防ぎようがないから運命だけど、これは防げたことなの。人間が計画して行なった大変な悲劇なの。運命じゃないのよ。そう思わん?」

このせりふに、作り手たちの核兵器廃絶への思いが込められているのは、言うまでもない。伸子の言葉を聞いた浩二は無言で涙を流し、姿が見えなくなる。悲しくなると、彼は消えてしまうのだ。

▶キネマ旬報ベスト・テン9位。毎日映画コンクールで男優助演賞(加藤健一)、音楽賞(坂本龍一)受賞。DVD、ブルーレイが松竹から発売。130分。カラー。

1959年▼監督＝今村昌平

『にあんちゃん』

けなげさに胸を打たれる

38

原作＝安本末子。脚本＝池田一朗、今村昌平。
出演＝長門裕之、松尾嘉代、沖村武、前田暁子ほか。

今村昌平監督『にあんちゃん』の原作は、1958年に出版され、ベストセラーになった小学生の少女の日記だ。

父母を亡くした安本家の4人きょうだいが、絶望的な貧困に直面する。末娘の末子が小学校3年生から5年生の間につづった日記からは、貧しさゆえの苦しみや悲しみが、リアルに伝わってくる。そして、そうした悲惨な環境の中でも懸命に生きようとする少女のけなげさに、胸を打たれる。

昭和28（53年）年、佐賀県の小さな炭鉱町。小学3年生の安本末子（前田暁子）は、炭鉱員の父を病気で亡くす。母親は既に亡くなっており、20歳の長兄（長門裕之）、姉（松尾嘉代）、小学5年生の「にあんちゃん（次兄）」（沖村武）と末子の4人きょうだいは、自活の道を探さなければならなくなる。

父親の同僚の親切なおじさん（殿山泰司）や、理想を抱いて東京から赴任してきた保健師、かなこ先生（吉行和子）らが心配をしてくれるが、善意で解決できる問題ではない。石炭産業はどん底で、長兄は炭鉱の臨時職を解雇される。安本一家は在日コリアンで、同じ在日の金山さん（小沢昭一）が言うように「年寄りと朝鮮人はね、首切りとなりゃ、いつも真っ先たい」というのが、現実なのだ。

職を求めて、長兄と姉は故郷を出て行き、にあんちゃんと末子は、他人の家で暮らすしかない。

今村監督は、日記を核に、底辺に生きる人々を愛情込めて描いた。強欲だが憎めない在日のおばあさん（北林谷栄）や、へこたれない「にあんちゃん」のエネルギーが、映画に希望を与えている。

テレビでこの映画が上映されると「一部差別的な表現がございましたが……」というお断りが出る。だが、本当の問題は「差別的な表現」ではなく、こうした差別が私たちの社会に現実に存在したということなのだ。それを忘れてはならない。

貧困や差別は現在も続いている。映画監督、崔洋一は原作（角川文庫）の解説にこう書いた。「安本末子は追憶の対象ではない。『にあんちゃん』は今そこにある物語なのである」。同感だ。

心に残る名せりふ　一番願っていることは

長女は住み込みで働きに出るが、長男は職が見つからず、にあんちゃんと次女の末子は、近所の親切なおじさんの家にやっかいになる。ある夜、末子は眠ることができず、心の中でつぶやく。

「私たちはどん底に落ちてしまいました。家だってないのです。私が一番願っていることは、きょうだい４人が一緒に暮らしたいことです。いつになったら、４人に幸福が訪れるのでしょうか。一生このまま苦労していかなければならないのでしょうか」

貧しさが、これほどまでに少女を苦しめている。

▶キネマ旬報ベスト・テン３位。レンタルDVDなどで視聴可能。101分。モノクロ。

1959年▼監督＝今井正

『キクとイサム』

差別に負けない希望がある

39

脚本＝水木洋子。
出演＝高橋恵美子、奥の山ジョージ、北林谷栄、清村耕次ほか。

敗戦後、日本に進駐した米軍兵士と日本人女性の間に生まれた混血の子どもたちは、根深い差別や偏見にさらされることになった。父親は帰国すると音信不通になることが多く、母親は「敵の子を産んだ」と非難されることすらあった。

今井正監督『キクとイサム』は、そうした混血の幼い姉弟が、彼らを引き取った祖母や周囲の人々の愛情に支えられ、厳しい現実の中で成長していく姿を描いている。

キク（高橋恵美子）は小学6年生。弟のイサム（奥の山ジョージ）は4年生。2人は、病気で死んだ母親の故郷、会津磐梯山を望む山村で、祖母のしげばあさん（北林谷栄）に育てられている。

大柄でたくましいキク、わんぱくでひょうきんなイサム。既に日本を去った父親は黒人で、肌の色が違う2人に対して、好奇の目を向けたり、心ない言葉を吐いたりする人もいる。しげばあさんや親切な隣家の夫婦（清村耕次、朝比奈愛子）らに守られてきた2人も、成長するにつれ、深刻な問題を避けられなくなってきた。ある日、イサムに米国へ養子として引き取られる話が来る。

一般から探し、映画初出演の子役2人が、伸び伸びと自然な演技を見せる。特にキクを演じた高橋が、映画が進むにつれ、生き生きとした表情になる。ラストで、いじめっ子たちのからかいに対し

※『キクとイサム』
発売元：新日本映画社　販売元：紀伊國屋書店　価格：¥3,800＋税

※

「年頃だからな、おら。かまってやらねえじぇもう」と、胸を張って言い放つシーンには、拍手を送りたくなった。

公開当時47歳の北林が、よぼよぼのおばあちゃんを見事に演じ、滝沢修、三國連太郎、三井弘次ら名優たちが脇を固めている。NHKテレビドラマ「事件記者」のアラさんが当たり役だった清村も懐かしかった。

戦後70年を経て、肌の色に対する差別は影を潜めてきた。だが、ヘイトスピーチなど、もっとたちの悪い偏見が幅をきかせている。自分自身を含め、差別を根絶するのはとても難しいことだが、キクのように、差別に負けない生き方を選ぶことはできるかもしれない。そんな、未来につながる希望がこの映画にある。

心に残る名せりふ

黄色ん坊!

親切な隣の夫婦に連れられ、おばあさんと姉弟は秋祭り見物に行く。だが、彼らの耳に飛び込んでくるのは「黒ん坊がいる」という心ない言葉だ。友達とけんかしたイサムが棒に登って大騒ぎになった後では、「やっぱり日本人のガキよりは乱暴だな」と聞こえよがしに言う者もいる。

いたたまれずに立ち去ろうとする5人を、まるで見せ物のように眺める群衆に向かって、キクは叫ぶ。「黒ん坊、黒ん坊と言わないでけろ、黄色ん坊!」少女の怒りと悲しみが、この言葉に込められている。

▶キネマ旬報ベスト・テン1位、毎日映画コンクールで日本映画大賞、脚本賞、女優主演賞(北林谷栄)などを受賞。116分。モノクロ。

1969年▼監督＝浦山桐郎　40

『私が棄てた女』

人は皆、罪を背負っていく

原作＝遠藤周作。脚本＝山内久。
出演＝河原崎長一郎、浅丘ルリ子、小林トシ江、加藤武ほか。

　銀幕で出会ったさまざまなヒロインに、心をときめかせてきた。その中で、浦山桐郎監督『私が棄《す》てた女』の主人公、森田ミツは、忘れられない異色のヒロインだ。演じたのは、無名の新人、小林トシ江（当時の芸名は小林トシエ）。「髪を三つあみにして肩にたらした背のひくい小ぶとりの女の子」「笑顔には愚鈍さと人の良さとが、ちょうどよい具合に入りまじっていた」。遠藤周作が原作で書いたそのままの外観で、強烈に心に残る演技を見せた。

　吉岡（河原崎長一郎）は自動車部品会社の若手営業マン。専務のめいのマリ子（浅丘ルリ子）との結婚話が進んでいる。ある夜、取引先の接待の後、女性とホテルに行った吉岡は、彼女が森田ミツの旧友と聞いて驚く。ミツは、学生運動に挫折した大学生時代の吉岡が、肉体だけが目的で付き合い、いとも簡単に棄てた女性だった。そのとき、ミツが彼の子どもを妊娠していたことすら、吉岡は知らなかった。しばらくして、吉岡は、偶然ミツと再会する。夜の世界で働くミツは、病に苦しんでいたが、吉岡に対する純粋な愛情は変わらず、彼を責めることもしなかった。だが、マリ子と結婚した後、吉岡はミツと再び出会う。

　原作の小説『わたしが・棄てた・女』と、映画は、別物と言っていいほど違っている。ミツがハ

ンセン病と診断され、療養所に入院する、という原作の中核にある話は、映画ではまったく出てこない。その代わり、原作にはない幾つかのエピソードが描かれる。

物語の改変は成功だったか？ 評価は難しい。だが「他人にたいするどんな行為でも、太陽の下で氷が溶けるように、消えるのではない」という原作の主題は、映画からも同じように伝わってくる。吉岡の「ミツにしたようなことは、男なら誰だって一度は経験すること」という弁解を、自分は違うと言い切って糾弾できる男はどれくらいいるのだろう。男は、いやたぶん女も、皆、罪を背負って生きていくのだ。

河原崎ら、小林を支える俳優たちの演技も素晴らしい。ＤＶＤ化を切望する。

心に残る名せりふ　ミツは俺さ

妻のマリ子に「ミツはあなたにとって何なの」と問い詰められた吉岡は「ミツは俺さ」と言う。

そして「俺はミツじゃないけど、ミツは俺だよ」と続ける。

ミツはそれほど吉岡にすべてをささげていたのだ。「優しさのほかには、何一つ持ってなかった」女性だった。そのミツを、吉岡は棄《す》てたのだ。それも一度ならず、二度、三度と。

決定的に失った後、ミツの価値にようやく気付いた吉岡は、妻に対して初めて本当の気持ちを話すことができた。

▶キネマ旬報ベスト・テン２位。現在、DVDの発売はなし。116分。パートカラー。

2001年▼監督＝行定勲

㊶

『GO』国籍なんか気にするな

原作＝金城一紀。脚本＝宮藤官九郎。
出演＝窪塚洋介、柴咲コウ、大竹しのぶ、山崎努ほか。

行定勲監督『GO』は、在日コリアンの少年の恋と友情とけんかの日々を、スピード感ある映像で描いた痛快な作品だ。原作は、直木賞を受賞した金城一紀の半自伝的小説。原作も面白いが、映画も勝るとも劣らないほど面白い。それに、何より素晴らしいのは、生きる上で避けてはならない大切な問題が、きちんと扱われていることだ。

中学校までは民族学校に通っていた在日コリアンの杉原（窪塚洋介）は、日本の普通高校に進む。自ら前向きに選んだ道だったが、結局、けんかに明け暮れる高校生活を過ごしている。悪友は、同じ高校に通うやくざの息子の加藤（村田充）、民族学校時代の同級生、元秀（新井浩文）や先輩のタワケ（山本太郎）ら。唯一リスペクトして付き合っている友人は、民族学校開校以来の秀才といわれる正一（細山田隆人）だ。加藤のバースデーパーティに行った杉原は、ちょっと風変わりな少女、桜井（柴咲コウ）と出会い、たちまち恋に落ちる。2人は名字だけしか教えないで、ぎこちなくデートを重ねていく。

見どころの一つは、杉原と元プロボクサーの父親、秀吉（山崎努）との荒っぽくて温かい父子関係だ。秀吉は、これも腹が据わった母親（大竹しのぶ）と共に、わが子を千尋の谷に落とすという獅子

※GO
DVD発売中　2,800円（税込3,024円）　東映ビデオ

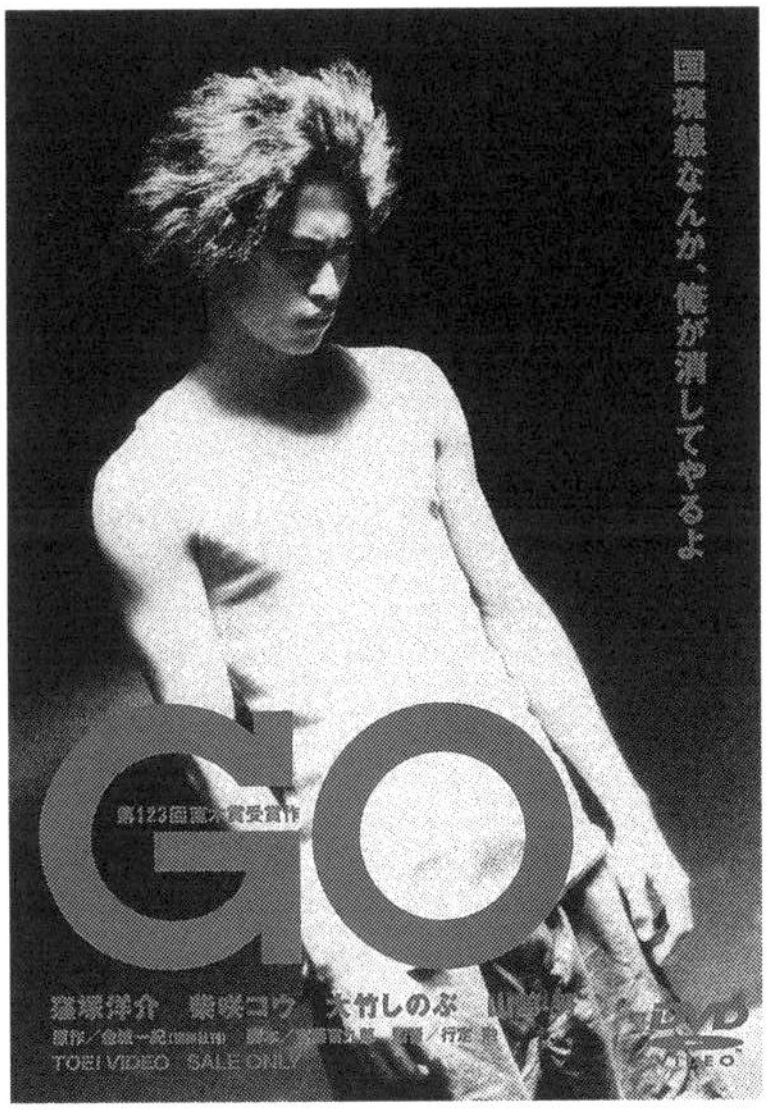

※

のようなやり方で、杉原に接する。もう一つは、杉原が「俺は日本人じゃないんだ」と、桜井に明かす場面だ。若い2人が、事実をどのように受け止めていくか。「国境線なんか、俺が消してやるよ」。再会した時の、杉原の叫びからは、やるせない怒りが激しく伝わってくる。

国籍で人を差別するのは、あらゆる差別と同じように、残酷で愚かしい。だが、なくすのは簡単ではない。現に、米国のドナルド・トランプ大統領は就任直後、人間を国籍でひとくくりにして入国を制限しようとし、同調した人々もいたではないか。

主役の窪塚が抜群にかっこいい。悪友役の新井や山本もいい表情をしている。難しい問題も、こんな若者たちが、いつか解決してくれるのではないだろうか。そんな希望を信じたくなる作品だ。

心に残る名せりふ
広い世界を見ろ

在日朝鮮人だった杉原の父親はあるとき、「韓国籍」を自ら選んだ。息子はその理由を、ハワイ旅行に行きたかったためだ、と思っていた。息子が民族学校に通っていた頃、父親は息子を海辺に連れて行き、尋ねる。「どうするんだ？　国籍なんか簡単に買えるぞ、金さえあればアメリカだってロシアだって」

何を言いたいのか、とぶつかる息子に父親は続ける。

「広い世界を見ろ。そして自分で決めろ」

息子は、その言葉をかみしめる。父親の選択には深い理由があったことを知り、自分も韓国籍を選び、日本の高校を受けようと決意する。

▶キネマ旬報ベスト・テン１位。毎日映画コンクールで日本映画優秀賞、脚本賞、スポニチグランプリ新人賞（窪塚洋介、柴咲コウ）受賞。122 分。カラー。

『ハッシュ！』

多様な生き方があっていい

2002年▼監督＝橋口亮輔

原作＝橋口亮輔。脚本＝橋口亮輔。
出演＝田辺誠一、片岡礼子、高橋和也、秋野暢子ほか。

以前も紹介したことがあるが、映画評論家の故淀川長治さんから「映画には『今』が映っているから素晴らしい」と聞いたことがある。ゲイのカップルと孤独な女性が出会い、新しい家族のかたちを探そうとする姿を描いた橋口亮輔監督『ハッシュ！』は、そうした「今」を鮮やかに映し出した作品だ。

土木研究所に勤務する勝裕（田辺誠一）の恋人は、ペットショップで働く直也（高橋和也）だ。付き合い始めたのは最近だが、勝裕の部屋で２人で一緒に暮らしている。ある雨の日、２人がそば屋で昼食を取っていると、先客の朝子（片岡礼子）が傘を盗まれたと騒いでいる。同情した勝裕が朝子に傘を貸したことから、２人と朝子との関わりが始まっていく。『ぐるりのこと。』（２００８年）や『恋人たち』（15年）などの近作にも共通することだが、橋口作品の登場人物は、優しく、傷ついていて、とてもリアルだ。

勤務先にはもちろん、他人には自分がゲイであることを隠し「注意深く生きてきた」勝裕。はっきりした性格で、母親（冨士眞奈美＝好演）にはカミングアウトしている直也。過去に２回中絶した経験があり、今は寂しい独り暮らしをしている歯科技工士の朝子。ニュアンスは違っても、自分が家庭を持つことはないと思っていた３人が、朝子が勝裕に「子どもを産みたい」と精子の提供を求めたこ

※作品名：『ハッシュ！』
発売日：DVD 発売中　価格：2,667 円（税抜）[2,880 円（税込）]　発売元：ハピネット 提供：シグロ　販売元：ハピネット (C)2001 SIGLO

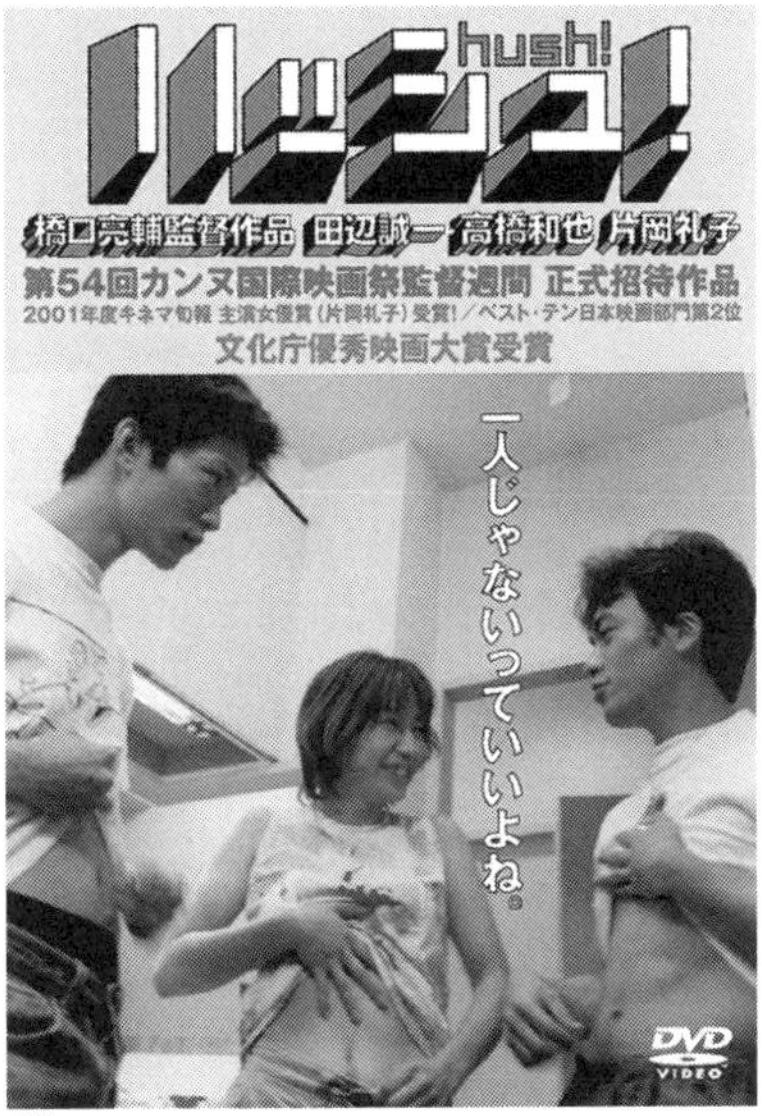

※

とから、新たな関係に踏み込んでいく。勝裕に一方的な好意を抱く職場の同僚（つぐみ）、朝子の自殺未遂歴などを理由に「家族の血に混ざってほしくない」と言う勝裕の義姉（秋野暢子）らが、3人の関係を揺すぶるが……。

橋口監督は1993年に『二十才の微熱』で監督デビュー。自らがゲイであることを公表してきた。二十数年たった今、性的少数者（LGBT）という言葉は定着したが、本当に多様な生き方を認める社会に変わってきているのだろうか。自民党の改憲草案では、家族を「社会の自然かつ基礎的な単位」「互いに助け合わなければならない」と規定している。それは、『ハッシュ！』の主人公たちの生き方を押しつぶす。時計を逆戻りさせてはいけない。

心に残る名せりふ
独りでいるのが嫌だから

朝子から「子どもがほしい。あなたは父親になれる目をしている」と言われた勝裕は、帰宅後、そのことを直也に話す。直也は、突拍子もない提案を真面目に考えている勝裕に怒って言う。

「俺なんか初めからないもんだと思ってるよ、家族とかそういうの。だってさ、俺たちみたいな世界って恋人と長続きするの、まれじゃん。独りでいる覚悟なかったら、やっていけないでしょ」

勝裕が「直也は強いよな」と言うと、直也は「強くないよ」と返す。そして言う。

「独りでいるのが嫌だから、勝裕といるんじゃん」

▶キネマ旬報ベスト・テン2位。毎日映画コンクールで日本映画優秀賞受賞。135分。カラー。

『ジョゼと虎と魚たち』
かけがえのない恋をした

43

2003年▼監督＝犬童一心

原作＝田辺聖子。脚本＝渡辺あや。

出演＝妻夫木聡、池脇千鶴、上野樹里、新井浩文ほか。


犬童一心監督『ジョゼと虎と魚たち』は切なくて、さわやかなラブストーリーだ。

池脇千鶴が演じたヒロイン、ジョゼは、日本映画が生み出した最高に魅力的で個性的な女性の一人だと思う。

加えて、特筆しておきたいのは、この映画が障害者の恋愛や性、周囲の差別などの問題に、真正面から向き合っていることだ。偽善的な美談でごまかさず、あるがままの現実を描こうとする姿勢が、作品に普遍的な力を与えている。

恒夫（妻夫木聡）は、親元を離れ大阪で暮らす大学4年生。アルバイトをしているマージャン店で頼まれ、犬の散歩をさせている途中、暴走する乳母車を目撃する。中には、幼いころかかった病気のため両足がまひして歩けない少女、くみ子（池脇）が乗っていた。

これがきっかけで、恒夫は、くみ子が祖母（新屋英子）と2人で住む家に訪れるようになる。そして、自分を「ジョゼ」と呼ぶ風変わりな少女に、次第に惹かれていく。

2人の恋が進むにつれ、恒夫のガールフレンドで、大学で福祉を学んでいる香苗（上野樹里）は嫉妬。「障害者のくせして私の彼氏を奪うのか」と、ジョゼに詰め寄るなど、周囲に波紋が広がる。ついに、恒夫とジョゼは2人で暮らし始める。

なぜ『ジョゼと虎と魚たち』なのか？　答えは、映画を観てほしい。ここでは、恒夫とジョゼのかけがえのない恋の記憶が込められたタイトル、とだけ言っておこう。

映画は、ありがちなハッピーエンドでは終わらない。恒夫は若く、さまざまな障害を乗り越えていけるほど強くないのだ。だが、誰が彼を責めることができるだろう。少なくとも彼は、ジョゼを「壊れもの」として、外の世界から隔絶してきた祖母ができなかったことをやったのだから。

希望を与えてくれるのは、ジョゼの、誰にも頼らず自分の人生を生きようとする心意気だ。毒舌で寂しさを隠し、椅子から元気にジャンプして床に飛び降りる。そんなジョゼを見ていると、恒夫に負けないほど大好きになってしまう。

ジョゼを演じた池脇は1981年生まれ。「三井のリハウス」のCMで芸能界にデビューしたが、映画では『ジョゼと―』をはじめ、『そこのみにて光輝く』（2014年、呉美保監督）などで、独特な存在感を発揮している。今後も注目したい女優だ。

心に残る名せりふ　花とか、猫とか…

ジョゼは毎日明け方、祖母の押す乳母車に乗って、町を散歩している。

その奇妙な光景を見かけたマージャン店の常連客たちの間で、乳母車の中に大金を隠しているといううわさが広まり、襲う人間まで出てしまう。ジョゼは持っていた包丁で撃退するが、恒夫が、散歩をやめるように忠告すると、こう言う。

「散歩はせんわけにいかん。いろいろ見ないかんもんがあるんや」

恒夫が「何を？」と聞くと、ジョゼは答える。

「花とか、猫とか…」。

恒夫は、こんなジョゼに惹かれていく。

▶キネマ旬報ベスト・テン4位。DVDがアスミック・エースから発売（販売元はKADOKAWA）。116分。カラー。

1952年▼監督＝成瀬巳喜男 ㊹

『おかあさん』

優しい気持ちにしてくれる

原作＝全国児童綴《つづ》り方集「おかあさん」。脚本＝水木洋子。
出演＝田中絹代、香川京子、三島雅夫、岡田英次ほか。

『浮雲』（1955年）や『めし』（51年）『流れる』（56年）などの名作で知られる成瀬巳喜男監督の映画界でのあだ名は「ヤルセナキオ」だった。「それはそのまま彼の作風のすべてであった。やるせない人生を一生描きつづけ、そして死んだ」（猪俣勝人、田山力哉著『日本映画作家全史』）

戦後間もない東京の下町で暮らす一家を主人公にした『おかあさん』も、そんな庶民のやるせない暮らしを描いた作品であるのは違いない。だがこの映画には、ほかの成瀬作品とは異なる、前向きな、からっとした明るさがある。観る者の気持ちを優しくしてくれる、ホームドラマの傑作だ。腕のいいクリーニング職人だった福原良作（三島雅夫）は戦争で店を失うが、妻の正子（田中絹代）と身を粉にして働き、ようやく自分の店を開くことができた。長男は胸を患い療養所に入院するが、夫妻は、10代後半の長女、年子（香川京子）、小学生の次女、久子（榎並啓子）、正子の妹から預かっている幼い哲夫（伊東隆）の3人の子どもとともに、仲良く日々を送っている。明るく美しい年子にひそかに思いを寄せる近所のパン屋の息子（岡田英次）や、良作の弟子で、シベリア抑留から帰国し店の手伝いをする木村（加東大介）など、周囲の人間模様も描きながら、ドラマが進行していく。

香川のさわやかな明るさとはじける若さが印象的だ。自ら「初めて女優としてプロ意識を持てた」

と振り返る作品。彼女の個性が、映画全体の明るさにつながっている。久子や哲夫役の子役の自然な演技も光るが、映画の要は、もちろん大女優、田中。家族が寝静まった後、夜なべで内職をし、長男や夫を病で失っても、泣き言を言わずに子どもたちを育てていく。まさに「耐える、日本のおふくろさん」の理想像を見事に演じている。

随所に戦争の影がある。正子の妹の夫は戦死、パン屋のもう一人の息子は戦地で行方不明になったままだ。家族の病死を描きながら、映画がさほど暗くないのは、もう戦争では死なずにすむ、という安心感が、映画の中に流れているせいだろうか。畳の上で死ぬ幸せ、平和の尊さを思った。

心に残る名せりふ 私が行けば助かるのよ

夫を失い、経済的に苦しい一家に、子どもがいない夫の弟夫婦から「次女の久子を養子にもらいたい」という話が来る。ためらっていた久子はある夜、姉の年子に「やっぱり行くわ、私、おじちゃんの家へ」と言う。

驚き、反対する姉に、久子は続ける。

「だって、おじちゃんたちさびしいでしょ、かわいそうだもん、かあちゃんだって、かわいそうよ。私が行けば助かるのよ」

幼い少女が家庭の経済を案じ、自分が養子に行くことで、少しでも皆を助けようとする。そのけなげさに胸を打たれる。

▶キネマ旬報ベスト・テン7位。毎日映画コンクール男優助演賞（加東大介）、女優助演賞（中北千枝子）などを受賞。現在DVDの発売なし。93分。モノクロ。

1952年▼監督＝溝口健二 ㊺

『西鶴一代女』
溝口・田中コンビの傑作

原作＝井原西鶴。脚本＝依田義賢。

出演＝田中絹代、山根寿子、三船敏郎、菅井一郎ほか。


いい映画は予備知識なしに観ても面白い。でも、背景を知れば、より深く味わえることがある。

溝口健二監督、田中絹代主演『西鶴一代女』が、そのいい例だ。今はなんのためらいもなく「巨匠」「大女優」と呼ぶ溝口と田中だが、１９５２年春にこの映画が公開される以前は、共に深刻なスランプに陥っていた。「古い」と批判されていた溝口、渡米から帰国直後の投げキッスがバッシングされた田中。理由は異なれど、戦前から活躍していた２人が、戦後という新時代の中で、居場所を失いつつあったのだ。だが、元々名コンビだった２人は、この映画で鮮やかに復活した。

江戸時代、奈良の町外れ。年老いた売春婦、お春（田中）が、五百羅漢を見て、これまでに出会った男たちを思い出す。若い頃、京都で御所勤めをしていたお春は、若侍（三船敏郎）と禁を破って同宿。役人に見つかり、若侍は斬首、お春は一家で都を追放される。ひっそりと暮らしていた彼女は、側室を探していた江戸松平家の家臣に見込まれ、おこし入れする。お春は男子を産むが、奥方や重臣たちにそねまれ、実家へ戻される。

そこから転落が始まる。島原遊郭の太夫、商家の手伝い、扇子職人との結婚……。転落し、幸せをつかみかけても、また転落。老残の極みをさらしながら、再び尊厳を取り戻し、ついには涅槃《ねはん》の境地

※『西鶴一代女』
好評発売中　発売・販売元：東宝

※

に至る。波乱に満ちた女の一生を、田中が一世一代の名演で見せた。商家の夫婦役の進藤英太郎、沢村貞子らは好演だが、この映画では彼らを含めすべての俳優は、田中を輝かせるために存在しているかのようだ。

井原西鶴の『好色一代女』が原作。だが、実は映画では「女主人公を好色な女性からまじめな女性に変えるために原作のほとんどのエピソードを書き変えた」（佐藤忠男著『溝口健二の世界』平凡社）。そのことが、田中の個性を生かし、同時に戦後の価値観や新しい女性像とも重なる結果になった。

溝口の『雨月物語』（53年）を偏愛する観客としては、お春を京マチ子が演じていたら、と夢想したこともあるが、むろん、それは、ないものねだりだ。

心に残る名せりふ　化け猫さまにあやかる

落ちぶれ、闇にまぎれて客を拾っていたお春に、男が声を掛け巡礼宿に連れて行く。男は、お春の顔を照らし出し、部屋にいた若い巡礼仲間に見せて言う。

「みんな、とくと見ておけよ。これでもおなご遊びをする気になるか。この世の諸行無常を身に染みて知ろうというなら、この化け猫さまにあやかればいい」

金を渡され、帰るように命じられたお春は化け猫のまねをして「おおきに」と言って立ち去る。田中絹代の老残の演技がすさまじい。

▶キネマ旬報ベスト・テン9位。ベネチア国際映画祭国際賞受賞。毎日映画コンクール音楽賞受賞。137分。モノクロ。

1959年▼監督＝山本薩夫

『荷車の歌』

懸命に生きることの尊さ

46

原作＝山代巴。脚本＝依田義賢。
出演＝三國連太郎、望月優子、岸輝子、左幸子ほか。

山本薩夫監督『荷車の歌』は、明治、大正、昭和の三つの時代を農村で生きた主人公の「女の一生」を描いた作品だ。全国農協婦人組織協議会が企画したこの映画は、農村女性320万人のカンパで製作された。完成後は、長期間にわたり、各地で自主上映され、1千万人を超す観客を動員したという。

明治27（1894）年、広島県の山奥の村。地主の屋敷で働くセキ（望月優子）は「だて男」と評判の郵便配達人、茂市（三國連太郎）に求婚され、親に勘当されながらも嫁ぐ。だが、女手一つで息子を育ててきた母親（岸輝子）は、嫁に冷たく当たる。

車問屋になる夢を抱いた茂市は、セキと2人で荷車引きの仕事を始める。町まで往復十里（約四十㎞）。人並みの休みも取らず、夫婦は働き続ける。やがて夫婦の間には、長女オト代（左時枝、成人後は左幸子）が生まれる。オト代は勝ち気な少女に育つが、祖母と対立。村に住む夫婦にもらわれていく。

その後、夫婦には次々に子どもが生まれ、やがて念願の車問屋を開く。しゅうとめとの和解もでき、セキにつかの間の平穏が訪れるが、荷馬車や貨物自動車の登場が家業を直撃する。そして……。

嫁しゅうとめの対立、夫の浮気、子どもの戦死。農村の女性たちの多くが、耐えてきたに違いない

※『荷車の歌』
発売元：新日本映画社　販売元：紀伊國屋書店　価格：￥3,800＋税

※

苦難の歴史が描かれる。だが『荷車の歌』の魅力はそれだけではない。これを「もっとも愛する山本作品」という評論家佐藤忠男さんは指摘する。

「彼らが貧しい生活のなかで望んでいたささやかな生活の向上、そのための努力というものが（略）崇高と言えるほどの真剣な精神の高まりをともなうものであることが、くっきりと、あざやかに謳《うた》い上げられていた」（『日本映画の巨匠たちⅡ』学陽書房）。

そうなのだ。体を張って懸命に生きる人々こそが尊い。そうした敬意が作品の底に流れている。それはたぶん、この国が失ってきたものだ。

いかにも三國らしい過剰な演技。「日本のおかあさん」望月の存在感。そこも見どころの一つだ。

心に残る名せりふ

心の虫がおるんよ

長年嫁を拒絶し続けるしゅうとめに、セキは憎しみを抱くようになる。セキにそれを打ち明けられた親友の主婦が言う。

「あんたにゃ、心の虫がおるんよ」

驚くセキに友人は続ける。

「わしにもおるんよ。自分でもたまげるほどの強い虫がな。その虫のおかげで、陰気な家を明るくすることができた」

逃げないで、飛び込んでみろ。セキは友人の言葉をきっかけにひたすら尽くし、ついにしゅうとめが礼を言う日が来る。処世術かもしれない。だが、憎まない、と心を決めるのは大切なことだ。

▶キネマ旬報ベスト・テン４位。毎日映画コンクール監督賞、音楽賞受賞。144 分。モノクロ。

1961年▼監督＝吉村公三郎

『婚期』怖くて、かわいい女たち

47

脚本＝水木洋子。
出演＝若尾文子、野添ひとみ、京マチ子、船越英二ほか。

吉村公三郎監督『婚期』は、大家族の中の嫁と小じゅうとの葛藤をコミカルに描いた作品だ。若尾文子、京マチ子、高峰三枝子ら豪華女優陣が、〝舞台裏〟をさらけ出したような体当たりの演技で、女同士の駆け引きをコミカルに見せる。

一家に仕えるばあやを演じた北林谷栄の『家政婦は見た』的な役回りもユーモラスで、快活な喜劇に仕上がっている。

事業家の唐沢卓夫（船越英二）は3年前に静（京）と結婚したが、家には妹の波子（若尾）と鳩子（野添ひとみ）、弟の典二郎（六本木真）が同居している。ある日、静宛てに「卓夫は愛人を囲っていて、子どももいる」という匿名の手紙が届く。実は、波子と鳩子が書いたニセ手紙だった。

書道の先生をしている波子は29歳。婚期を逃した焦りからいらだち、新劇女優の24歳の鳩子と共同戦線を張り、兄嫁をいびっているのだ。

静は卓夫の姉、冴子（高峰）に相談に行き、我慢するよう諭される。冴子は結婚して家を出たが離婚、デザイナーとして自立して暮らしている。

京が、一見鈍くさいが実はずぶとい静を好演。野添の乱暴な言葉遣いや、1980年代の国鉄「フルムーン」CMを思わせるような高峰の入浴シーンなど、見どころがたっぷりある。

さらに、特筆しておきたいのは若尾のコメディエンヌぶり。

美人だが意地悪で気位だけは高い波子の、他人から見たときのおかしさを、巧みに表現している。メガネを上手に小道具に使い、早口の長ぜりふと「間」の良さで笑いを取る。同じ年の川島雄三監督『女は二度生まれる』(104頁)、増村保造監督『妻は告白する』などでも見せた、若尾の絶頂期の演技が楽しめる。

この映画のキーワードは、「大家族」と「婚期」だ。しかし、映画から2年後の63年には「核家族」が流行語になり、今は「婚期」という言葉もハラスメントにつながるイメージになった。にもかかわらず、この映画の面白さは、決して古びてはいない。なぜなら『婚期』に出てくる女性たちは、皆、怖くて、かわいくて、とっても魅力的だからだ。水木洋子の脚本が素晴らしい。

心に残る名せりふ　男って本当に目がないのね

電気製品が苦手なばあやに代わり、波子がてきぱきとアイロンがけをしながら

「あたしみたいな奥さんをもらった男の人は幸せよ」

と自慢する。

「クッキングにお茶、お花、洋裁に水彩画、フランス語…」

習ったお稽古事を早口で列挙する波子と、とぼけた言葉をはさむばあやの掛け合いが絶妙だ。

波子はため息をつきながら

「男って本当に目がないのね」

と言う。

名せりふが山ほどある映画の中で、この波子の言葉が意外に耳に残る。女性の実感が込められているせいだろうか。

▶DVDがKADOKAWAより発売。97分。カラー。

1961年▼監督＝川島雄三 ㊽

『女は二度生まれる』

頼りないヒロインだけれど

原作＝富田常雄、脚本＝井手俊郎、川島雄三。
出演＝若尾文子、藤巻潤、フランキー堺、山村聡ほか。

『幕末太陽傳』（1957年）『洲崎パラダイス　赤信号』（56年）などの傑作を残した川島雄三監督は、61年から62年にかけ、若尾文子主演の映画を3本、大映で撮っている。
『女は二度生まれる』『雁の寺』（62年）『しとやかな獣』（198頁、62年）だ。テーマも雰囲気も全く異なる3作品で、監督は女優のさまざまな顔を引き出した。最初の出会いになったこの作品には、他の2作ほどの緊張感はないが、いかにも川島監督らしい、社会の片隅に生きる人々への愛情が伝わってくる。

小えん（若尾）は東京の靖国神社に近い花街で暮らす芸者。幼い頃、両親を戦災で亡くし、女1人で生きてきた。

明るく、気が良くて、客に身を任せることもいとわない。すし店の板前、野崎（フランキー堺）に恋心を抱いたり、近所で何度か顔を合わせる大学生、牧（藤巻潤）に好意を持ったりするが、なかなか幸福は訪れない。

客の一人だった建築家の筒井（山村聡）は、そんな彼女をかわいがり、水商売をやめさせて、自分の二号にする。筒井は、小えんの将来を案じて大切にしようとするが、彼女はたまたま知り合った17

歳の少年（高見国一）と遊んでしまう……。

「役も演技も、ふにゃっとしていて、頼りないのね」。数年前、この映画を見直した直後の若尾から直接聞いた言葉だ。

確かに、小えんは、かわいいけれど、ちょっとおばかさんで、運命に流されていく女に見える。そして、山茶花究（誠意のない小悪党役が本当にうまい！）が演じる矢島のように、そんな彼女を道具のように扱う男たちもいる。最低なのは、牧だ。大学を卒業して一流企業に就職した彼は、小えんの体を接待に利用しようとするのだ。

さまざまな出来事を経て、小えんは男たちに別れを告げる。独りぼっちになった彼女は、これからどんな人生を歩んでいくのだろう。頼りない小えんが懸命に生きていこうとする姿が、とてもいとおしく感じられる。

重い病を抱えていた川島監督は、生きる喜びと悲しみを描き続け、この作品の2年後、45歳で亡くなった。

心に残る名せりふ　まつられる資格はない

小えんは、遺族会でアルバイトをしているという大学生、牧と一緒に靖国神社にお参りに行く。

「おやじもここにまつられているらしい」

という牧に、小えんは言う。

「うちはお父さんもお母さんも空襲で亡くなったんです。ここにまつられる資格なんてありませんわ」

監督は「靖国神社の場面で天皇制批判をやっています」（『サヨナラだけが人生だ　映画監督川島雄三の生涯』ノーベル書房）と明言している。庶民の死を犠牲にして復興した日本の戦後に対する批判が、このせりふに込められている。

▶ DVD が KADOKAWA から発売。99 分。カラー。

1963年▼監督＝今村昌平

49

『にっぽん昆虫記』

地べたをはうように生きる

脚本＝今村昌平、長谷部慶次。
出演＝左幸子、北村和夫、吉村実子、春川ますみほか。

今村昌平監督『にっぽん昆虫記』は、底辺に生きる女性の半生を、リアルに描いた作品だ。決して、明るく楽しい内容ではないし、「努力すれば報われる」という成功話でもない。にもかかわらず、この映画には、心を揺るがすような魅力がある。ヒロインやその生き方が好きか嫌いか、という問題は別にして、確かにここには「本当の人生」があると感じさせるからだ。昆虫のように地べたをはって生きていく人間を、好奇心に満ちて観察する視線が、映画を貫いている。

大正7（1918）年、東北の寒村で松木とめ（左幸子）は生まれた。とめを妊娠した母親（佐々木すみ江）は、少し頭の弱い忠次（北村和夫）に父親役を押しつけるため、結婚したのだ。物心がつき始めたころから、とめは、純粋な忠次に対し、父娘の枠を超えたような愛情を抱くようになる。

成長したとめは地主の家に足入れさせられ、望まぬ妊娠で娘を産む。実家に娘を預け、製糸工場で働き、終戦を迎えるが、組合活動をして工場をクビになる。その後、単身上京、新興宗教で知り合った売春宿のおかみにお手伝いとして雇われるが、やがて問屋の主人、唐沢（河津清三郎）の囲い者になる。ある日、おかみを裏切ったとめは、自ら売春宿の女たちを差配するようになる……。

左がうまい。戦前、戦中、そして戦後の血のメーデーや60年安保闘争。こうした世の中の変化とは全く関係なく、小さな世界で生き、状況に流され続けるヒロインを、ときには哀れに、ときにはユーモラスに演じる。

成人した自分の娘（吉村実子）と関係を持った唐沢に「人間なんてそんなものですかね」と迫るが、「人生なんてそんなものなのさ」とにべもなく突き放される。それでも、とめは唐沢と縁を切れない。だから、泥沼から抜け出せないのだ。

とめにはモデルになる女性がおり、今村が徹底的に聞いた話が下敷きになっている。セット撮影の便利さを捨てたオールロケ、同時録音の撮影方式は当時としては画期的で、映画にドキュメンタリー的な現実感を与えている。路上で、俳優たちが言い争うシーン。驚いて振り返る通行人が印象的だ。

『豚と軍艦』（61年）『赤い殺意』（64年）と並び、今村監督が自ら称した「重喜劇」を代表する作品だ。

心に残る名せりふ　悔し涙に金数えてる

場面転換のとき、画面がストップモーションになり、とめが心情を歌った短歌を読み上げる声がかぶさる。

なまりに味があって、ユーモラスで哀愁がある。例えば売春宿のおかみに売春を強要され、その後で文句を言うが、結局金を受け取ったところでの歌。

「まな娘のため　弱き体に　むち打ちて　悔し涙に金数えてる」

ラストのほうでは、父、忠次の遺影を眺めながら、若いころ太ももにできたできものの膿《うみ》を、父が吸い出してくれたことを思い出しながら歌う。

「愛してる　すべての人に　裏切られ　つらき浮世を　独り行くわれ」

▶キネマ旬報ベスト・テン1位。毎日映画コンクール監督賞、女優主演賞などを受賞。DVDが日活より発売。123分。モノクロ。

1977年▼監督＝篠田正浩

『はなれ瞽女おりん』

美しい四季背景に悲話描く

⑩

原作＝水上勉。脚本＝長谷部慶次、篠田正浩。
出演＝岩下志麻、原田芳雄、樹木希林、奈良岡朋子ほか。

篠田正浩監督『はなれ瞽女《ごぜ》おりん』は、美しい日本の四季を背景に、恵まれない境遇に置かれている人々の悲しみを、格調高く描いた作品だ。

瞽女とは、三味線を片手に各地を旅し、独特の歌や説話を聞かせる盲目の女性たち。室町時代からの歴史があるといわれ、明治から昭和の初期にかけては、新潟県を中心に多数が活動していた。集団で行動する瞽女には厳しいおきてがあり、破った者は、仲間から外され「はなれ瞽女」として孤独な旅を続けるしかなかった。

おりん（岩下志麻）は幼いころから目が見えない。両親の記憶もない。六つのときに薬売りに連れられ、越後高田の瞽女屋敷に来た。屋敷のお母さん（奈良岡朋子）に厳しくしつけられ、芸を身に付け、仲間と一緒に旅をしていた。だが、ある夜、村の若衆（西田敏行）の求めに応じてしまい、「ふしだらな女」として集団から追放される。数年後、おりんは旅の途中で、優しい男（原田芳雄）と出会う。「鶴川」と名乗るその男は、ほかの男と違って、おりんを抱かず、兄のように彼女を守る役を務める。おりんは、鶴川のおかげで「生まれて初めて、並みの人間になれた」と喜び、2人で所帯を持つことを夢見る。だが……。

※『はなれ瞽女おりん』
好評発売中　発売・販売元：東宝

※

「盲目のヒロイン」という難役に挑んだ岩下志麻が見事な演技を見せる。暗く、救いのない物語なのだが、岩下の華やかさと気品が明るさを与えている。そして、それを引き立てるのが、宮川一夫のカメラ。日本各地の美しい自然の中を、岩下と原田が歩く映像は、眼福にあずかると表現したいほど絵になっている。時代設定は、米騒動やシベリア出兵などが起きた大正期。鶴川が実は陸軍の脱走兵だったということが、映画の大きなテーマになっている。「帝国陸軍の名誉を傷つけた非国民」と責める憲兵に対して、貧乏人だけが戦争に送られていると国家の欺瞞《ぎまん》を追及する鶴川の言葉に、作り手の思いが重ねられている。

目をあけたまま、目が見えない瞽女を演じた樹木希林の演技も、いつもながら素晴らしい。

心に残る名せりふ　兄さまの心でござえます

鶴川を逮捕した陸軍の憲兵隊は、おりんも捕らえ、尋問する。憲兵中尉（小林薫）は、鶴川の容疑を固めるため、おりんに現場近くで彼と「会った」ことを認めさせようとする。

「会っていません。おら、めくらでござえます」。鶴川をかばうおりんは、否認する。そして、なおも迫る中尉に言う。

「おら、兄《あに》さま見ませなんだ。おらが見たもんは兄さまの心でござえます。ほんとの兄さまのような心優しい、温けえ兄さまの心でござえました」。目が見えなくても、見えるものがある。2人はそれほど深く結ばれている。

▶キネマ旬報ベスト・テン3位。毎日映画コンクールで日本映画優秀賞、女優演技賞、撮影賞を受賞。117分。カラー。

1982年▼監督＝野村芳太郎 51

『疑惑』見応えある演技合戦

原作＝松本清張。脚色＝松本清張、脚本＝古田求、野村芳太郎。
出演＝桃井かおり、岩下志麻、鹿賀丈史、柄本明ほか。

『疑惑』は、『砂の器』（1974年）や『張込み』（58年）などの名作を生んだ原作・松本清張、監督・野村芳太郎のコンビによる、法廷を主な舞台にしたサスペンス映画だ。

主演の桃井かおりと岩下志麻の火花を散らす対決をはじめ、豪華な脇役陣が見応えのある演技を披露し、謎解きも合わせ、2時間余りがあっという間に過ぎていく。同じ野村監督の『事件』（78年、原作・大岡昇平）と共に、「法廷もの映画」の傑作に挙げたい。

81年夏、富山県の富山新港。乗用車が海に転落し、乗っていた男女2人のうち、男性が死亡した。亡くなったのは、地元の名士、白河福太郎（仲谷昇）。助かったのは、後妻の球磨子（桃井）。福太郎には、球磨子を受取人にした3億円を超す保険金がかけられており、彼女に恐喝などの前科があったことから、新聞記者の秋谷（柄本明）は「保険金殺人」の疑惑を抱く。

「車を女が運転していた」という目撃証言で、警察は球磨子を逮捕。球磨子のあまりの悪評で弁護の受け手がおらず、結局、佐原律子（岩下）が国選弁護人を引き受けることになる。

佐原は裁判で状況証拠しかないとして、球磨子の無罪を主張するが、しばしば球磨子の暴言に邪魔される。果たして真相は……。

桃井が、わがままで生意気で感情のままに生きる悪女を好演。対照的な知的でクールな弁護士を、岩下が見事に演じている。裁判が終わった後の対決場面は、最大の見せ場だ。桃井が手に持ったワインボトルから、赤ワインを岩下の白いスーツにだらだらと浴びせ、岩下がグラスに入った赤ワインを桃井の顔にぴしゃっとかける。これは2人のアドリブだったという。

仲谷や柄本もうまいが、証言台に立つ球磨子の元愛人役の鹿賀丈史や、クラブのママを演じた山田五十鈴が「こんな人が実際にいそうだな」と思わせる演技で楽しませてくれる。

車の転落実験の場面なども丁寧に撮り、安っぽさがない。できるなら、予備知識なしに映画を観て、その後でもう一度、最初の転落事故にいたる場面を観てほしい。細部まで綿密に計算された映像であることが、よく分かるはずだ。だからこそ、この映画は面白い。

心に残る名せりふ　嫌いだな、あんたの顔

国選弁護人に選ばれた佐原律子が、勾留中の球磨子に面会に来る。球磨子は佐原弁護士に対し

「あんた、あたしがやったと思ってるでしょ」

と言い、

「嫌いだな、あたし、あんたの顔。警察も新聞も、あんたたち、みんな同じね」

と敵意をむき出しにする。

さらに

「独りで闘うから弁護士はいらない」

と言う球磨子に、佐原は

「死刑になりたければ、そうすれば」

と厳しく言い放つ。そして、この裁判には、法律的に弁護士が必要なことを告げて立ち去る。感情的な球磨子と理知的な佐原の違いを一瞬で描き出す名場面だ。

▶キネマ旬報ベスト・テン4位。毎日映画コンクール優秀賞、脚本賞受賞。DVDが松竹より発売。126分。カラー。

1982年▼監督＝五社英雄 52

『鬼龍院花子の生涯』

滅びの美学あでやかに

原作＝宮尾登美子。脚本＝高田宏治。
出演＝仲代達矢、夏目雅子、岩下志麻、丹波哲郎ほか。

五社英雄監督『鬼龍院花子の生涯』は、観る者をねじ伏せてしまうような圧倒的なパワーと面白さを持つ作品だ。

映画は「昭和15年夏、京都の橋本遊郭」で、土佐の侠客《きょうかく》、鬼龍院政五郎（仲代達矢）の養女、松恵（夏目雅子）が、政五郎の実の娘で松恵にとっては妹の花子（高杉かほり）の遺体を確認するところから始まる。そして、すぐに「大正7年冬」の回想に切り替わる。数え年で12歳の松恵（仙道敦子）が、政五郎と妻、歌（岩下志麻）の養女になった日だ。とにかくテンポが抜群にいい。題名から想像する内容とは違い、主人公は「鬼政」と呼ばれる政五郎で、彼と松恵の対立と和解が大きなテーマなのだ。そう気付くころには、観客はもはや映画に引きずり込まれてしまっている。

鬼政は、一代で組を束ねる親分にのしあがり、家には歌のほかに、愛人2人も住まわせている。このシンプルで強烈なエネルギーにあふれた人物を、仲代が高いテンションで演じきっている。鬼政の異様な迫力を受け止める女優陣も多彩だった。その後の『極妻《ごくつま》』シリーズにつながる岩下の強さとあだっぽさ。敵役を演じる夏木マリの妖しさ。テレビドラマ「西遊記」の三蔵法師役などのイメージが強かった夏目は、この映画の大ヒットで大女優への道を歩み始めることになった。

※『鬼龍院花子の生涯』
ブルーレイ発売中　4,700円（税込5,076円）　東映ビデオ

※

極彩色で描かれた人間絵図。闘犬やヌードシーンなどを売り物にしたセンセーショナルな娯楽映画のようにも見えるが、中盤以降、トーンが大きく転換する。

労働運動の指導者、田辺（山本圭）に出会い、侠客なら弱者を助けるべきだと説かれた鬼政は、田辺にほれ込み改心する。さらに、田辺と松恵は愛し合うようになる。それは彼らが、戦争に向かう昭和10年代の時代の流れに逆らい、破滅していくことを意味していた。実は、この映画をあでやかに彩っていたのは、こうした滅びの美学だった。そして、主要な登場人物のうちで、ただ1人生き残る松恵を演じた夏目は、わずか3年後、27歳の若さで急逝した。誰も予想だにしない悲劇だった。

心に残る名せりふ なめたらいかんぜよ！

流行語にもなった極め付きの名せりふが「めたらいかんぜよ！」

映画の終盤、非業の死を遂げた田辺の遺骨を引き取ろうとした松恵が、それを阻止する田辺の父親に向かって言う。

「わては高知の侠客《きょうかく》、鬼龍院政五郎の、鬼政の娘じゃき、なめたら、なめたらいかんぜよ！」

父と違う道を選んできた養女が、父の生き方を誇りにする。夏目雅子のすごみのあるたんかが、衝撃と感動を与えた。原作にはなく、脚本の高田宏治が創作したせりふ。映画の中盤で、歌役の岩下志麻が同じせりふを言う場面もある。

▶146分。カラー。

1984年▼監督＝澤井信一郎

53 『Wの悲劇』少女が大人になるとき

原作＝夏樹静子。脚本＝荒井晴彦、澤井信一郎。
出演＝薬師丸ひろ子、三田佳子、世良公則、三田村邦彦ほか。

澤井信一郎監督『Wの悲劇』は、とてもよくできた青春映画だ。重層的な脚本。余計な説明を省き、抑制しながら叙情を貫いた演出。作り手を褒めるポイントは、きりがないほどある。

だが何といっても、最大の魅力は、ヒロイン薬師丸ひろ子と共演の三田佳子の演技だ。アイドルという先入観で、演技を軽く見てしまいがちの薬師丸が、実はうまい女優なのだということが、この映画でよく分かる。

三田も素晴らしい。スター女優の華やかさ、強さ、孤独を全身で演じ切っている。主演ではないが、これは彼女の作品でもあると言えるだろう。

静香（薬師丸）は20歳の劇団研究生。いい俳優になるには人生経験が必要と考え、先輩の俳優、五代（三田村邦彦）を初体験の相手に選ぶ。

劇団の新作『Wの悲劇』で、看板女優、羽鳥翔（三田）の娘役を選ぶオーディションを受けた静香は、ライバルのかおり（高木美保）に敗れる。

端役のお手伝い役しか得られず、落ち込む静香を慰めるのが、26歳の会社員、森口（世良公則）。

知り合ったばかりだが、静香にほれ込み「一緒に住もう」と提案する。

「Wの悲劇」の大阪公演で〝事件〟が起きる。羽鳥が自らのスキャンダルを隠すため、静香に身代わりになることを頼むのだ。かおりが演じている娘役を静香に代えることが、交換条件だった。

名せりふ、名場面が多い。静香に身代わりになるように口説く場面で、羽鳥が話す女優論。同じく羽鳥が、五代に真相を告白する場面。極め付きは、傷つきぼろぼろになった静香が、変わらぬ愛を抱き続ける森口の優しさにすがらず「独りで、女優として生きていく」と告げるラストだ。

その決意は、同じく20歳だった現実の薬師丸にも、80年代の自立する女性たちにも重なった。涙をこらえ、笑顔で、森口に向けてカーテンコールのお辞儀をし、別れていこうとする静香に、主題歌がかぶさる。「もう行かないで　そばにいて」（「Ｗｏｍａｎ〝Wの悲劇〟より」）

少女は、こんなふうに大人になっていくのだろうか。

心に残る名せりふ

顔ぶたないで！

スターの身代わりになった静香は、記者会見でスキャンダルを釈明する。彼女に思いを寄せる森口は驚き、静香に説明を求めるが拒否され、かっとなって平手打ちする。

「顔ぶたないで！　あたし女優なんだから！」

と静香は言う。

「俺は女優にほれたんじゃない。女優を夢見てただの女の子にほれたんだ」と愛を告白する森口を、静香は突き放す。

「でも、あたし女優になっちゃったのよ」

「ただの女の子」が「女優」に変わっていく。静香の変化を象徴するインパクトのあるせりふだった。

▶キネマ旬報ベスト・テン２位。毎日映画コンクールで日本映画大賞、脚本賞、女優助演賞（三田佳子）を受賞。DVD『Wの悲劇　角川映画 THE BEST』が、KADOKAWA より発売。108 分。カラー。

1987年▼監督＝伊丹十三

54『マルサの女』一分の隙もないヒット作

脚本＝伊丹十三。
出演＝宮本信子、山崎努、津川雅彦、大地康雄ほか。

マルサとは国税局査察部のこと。おかっぱでソバカスが特徴の女性査察官が、同僚たちと共に悪質な脱税者を摘発する。

伊丹十三監督『マルサの女』は、徹底的に取材した膨大な情報を基に、あの手この手の脱税の実態とそれを暴こうとするマルサの戦いを、コミカルに描いた娯楽作品だ。

板倉亮子（宮本信子）は港町税務署の調査官。寝癖の付いた髪も気にせず仕事に励み、老夫婦の経営する食料品店の売り上げ計上漏れや、パチンコ店の社長（伊東四朗）の所得隠しを発見する。

熱心な仕事が評価され、東京国税局査察部の査察官に抜てきされた彼女は、港町税務署時代に調査したことがあるラブホテルの経営者、権藤英樹（山崎努）の大型脱税の内偵を本格的に始める。きっかけは、権藤に捨てられた愛人からの密告電話だった。

暴力団や銀行、さらに政治家も絡んだこの脱税事件を、査察部の上司（津川雅彦）、同僚（大地康雄）、亮子らのチームは摘発できるだろうか。

2時間余りの上映時間があっという間に感じるほど、エピソード満載でスピード感があり、一分の隙もない。

悪役を演じる山崎があくの強い演技で、ぐいぐいと観客を引きずっていくが、何と言っても魅力的なのは宮本だ。映画の前半では、全然美人に見えないのに、進行するにつれ、チャーミングで美しいキャリアウーマンに見えてくる。前作『タンポポ』（28頁）に次ぎ、伊丹監督の妻への愛情が、あふれるように伝わってくる。

「セクシーで語感的にも残るタイトルで引きつけ、その説明をすれば、自然と映画の中身になり、聞き手に面白そうだと思わせる。恐ろしいほどうまいマーケティングでした」。当時、東宝で宣伝を担当した中川敬・東京楽天地社長は話す。

ほとんどの人が知らなかった「マルサ」という言葉は、この映画の公開後、誰もが知るようになった。すべてが周到に計算された映画は、期待通り大反響を呼び、伊丹監督にはヒットメーカーという評価が確立されることになった。

心に残る名せりふ　そういう部分があるからよ

港町税務署員の亮子は、権藤が経営するラブホテルや自宅に調査で立ち入る。自宅では権藤の長男にテレビゲームのテクニックを教えてもらう。仕事帰りに1人でビールを飲んでいる亮子の席に、権藤が現れる。

「夢みたいなことばかり考えて。どうして俺みたいなのから、ああいう子どもができたのか」

と息子を評する権藤に

「権藤さんの中にそういう部分があるからよ。ホテルを見て、この人は夢を売る人だと思った」

と亮子が返す。

脱税を巡って敵対する2人だが、彼らの人間的な交流を描いたこの場面が、映画に深みを与えている。

▶キネマ旬報ベスト・テン1位。毎日映画コンクールで日本映画大賞、男優主演賞（津川雅彦）、脚本賞、音楽賞などを受賞。ブルーレイが東宝から発売。127分。カラー。

1998年▼監督＝平山秀幸 55

『愛を乞うひと』
生きる意味、丁寧に描く

原作＝下田治美。脚本＝鄭義信。
出演＝原田美枝子、野波麻帆、中井貴一、小日向文世ほか。

平山秀幸監督『愛を乞うひと』は、母親の娘に対する虐待という重いテーマを扱った作品だ。だが、決して暗く絶望的な映画ではない。むしろ、観た後は「おまえも前に向かって歩け」と励まされたような気持ちになる。人がこの世に生まれ、生きる意味を真正面から問いかけた秀作だ。

山岡照恵（原田美枝子）は夫と死別した後、働きながら娘の深草《みぐさ》（野波麻帆）を育ててきた。深草が高校生になり、少し余裕ができた照恵は、自分が幼いころ病死した父親、陳文雄（中井貴一）の遺骨探しを始める。戦前の台湾で生まれた文雄は日本の軍隊で戦い、戦後の東京で豊子（原田・一人二役）に出会って一緒になる。2人の間に照恵が生まれたが、親子3人の生活は長くは続かない。照恵を連れて別居した文雄が死ぬと、施設に送られた小学生の照恵を豊子が引き取る。数年後、豊子の照恵に対する虐待が始まる。それは、同居する「新しいお父さん」（國村隼）も周囲の大人たちも止めることができないほどエスカレートしていく。

戦中から昭和20～30年代の幾つかのポイントと現在を行き来し、舞台も日本だけでなく、文雄の故郷の台湾まで広がる。一つ間違えば収拾がつかなくなりそうだが、鄭義信の見事な脚本と監督の細やかな演出もあって、混乱するところはない。照恵の少女時代は3人の子役が交代で演じ、大人の照恵

※『愛を乞うひと』
好評発売中　発売・販売元：東宝

※

と豊子（若いころと老年時代）は原田が1人で演じるというチャレンジも、違和感なく見られる。照恵はもちろん、鬼のような母親の豊子すら魅力的に見せる原田の演技は素晴らしい。照恵が大切にしている文雄のかたみの鏡のエピソードをはじめ、名場面が多い。中でも、終盤の路線バス車内での照恵と深草の会話は感動的だ。

　人はなぜわが子を虐待するのか？　映画は分かりやすい答えを与えてくれるわけではない。皆、孤独で悲しく、愛を乞い、時代や社会に規定されていることを丁寧に描き示すだけだ。それに目を背けずに生きていくしかない。

心に残る名せりふ

上手だね、気持ちいいよ

　照恵（少女時代＝牛島ゆうき）を、アパートの廊下に引きずり出して、殴るけるのせっかんを加えた後、部屋に戻った母親の豊子は鏡台に向かい、照恵を呼びつける。

「髪、すいておくれよ」

　言いつけに従って照恵が髪をすき始めると、豊子が言う。

「上手だね、気持ちいいよ」

　うっとりとした母を見て、照恵の表情が和らぐ。鏡に映る2人は幸福な母子に見える。その後の長い年月、照恵の心の中では、この一瞬だけが母に愛された思い出として生き続けることになる。

▶キネマ旬報ベスト・テン2位。毎日映画コンクールで日本映画大賞、監督賞、女優主演賞、美術賞受賞。135分。カラー。

1965年▼監督＝増村保造

56

『清作の妻』
孤独な女が国家を撃つ

原作＝吉田絃二郎。脚本＝新藤兼人。
出演＝若尾文子、田村高廣、紺野ユカ、成田三樹夫ほか。

1950年代後半から60年代にかけて、増村保造監督と若尾文子のコンビは数多くの作品を生み出した。中でも、『清作の妻』は、『妻は告白する』（61年）と並ぶ2人の代表作だ。新藤兼人の脚本、増村の演出、若尾の演技がいずれも傑出しており、何度観ても完成度の高さに圧倒される。

明治35（1902）年。貧しい一家を支えるため、金持ちの老人（殿山泰司）に囲われていたお兼（若尾）は、老人が急死した後、母親と2人で故郷の村に戻ってくる。村人たちはお兼を白い目で見るが、模範青年の清作（田村高廣）は同情し、周囲の反対を押し切って結婚する。

だが、日露戦争が始まり、清作は召集される。決死隊に志願し大けがをした清作は、治療のために帰国。2日間だけ故郷での滞在を許される。死を覚悟し再び戦地に出発しようとする清作。彼を失いたくないと思い詰めたお兼は、驚くべき事件を起こす。五寸くぎで清作の目をつぶしたのだ。

93分の短い映画の中に凝縮した時が流れ、ヒロインがさまざまに変貌していく。囲い者だったころの暗い目。村人の白眼視に反発する強さと、清作にふっと見せる弱さ。ほとんど口をきかず硬い表情だったお兼が、あるとき、花のような笑顔を見せる。

「憎まれもんじゃから、いじらしいんじゃ」と清作がほれる気持ちに共感してしまう。

清作とお兼が抱き合うシーンは、息をのむほどなまめかしい。裸体をあらわに映さないことが、かえってエロチシズムをかきたてる。それは、目を突くシーンの、行為そのものを映さない撮り方にも共通している。

主演の若尾も「よく、代表作に『妻は告白する』と言われますけど、最近、あらためて見直したら、自分は、この『清作の妻』のほうがいいな、好きだなという気がちょっとしてますね」（『若尾文子〝宿命の女〟なればこそ』ワイズ出版）と、この作品を評価する。

原作の小説では、主人公の2人は最後に自殺するが、脚本の新藤が結末を変えた。そのことによって「最愛の人を国家に奪わせない」という孤独な女の絶望的な闘いは、明日につながるものになった。終生、弱者の立場から、戦争に反対し、男女の割り切れない愛への賛歌を書いた新藤の、脚本家としての代表作でもある。ラストの場面は、新藤の最後の監督作品『一枚のハガキ』（66頁）に通じる生命賛歌だ。

心に残る名せりふ　どこへも逃げない

お兼に目を突かれ、兵隊に行けなくなった清作を、村人は「ひきょう者」となじる。模範青年だった清作はこうした扱いを受けて初めて、「あばずれ」とののしられてきたお兼の孤独に気付く。彼は刑期を終えて出所してきたお兼に、ここで一緒に生きようと説く。

清作は言う。「売国奴」と石を投げる村人たちは、死ぬまで自分たちを許さないだろう。しかし遠くに逃げたら負けだ。「俺たちはどこへも逃げないんじゃ。この土地におるんじゃ。ここで生きるんじゃ」

脚本を書いた新藤兼人の思想のエッセンスが、ここにある。

▶キネマ旬報ベスト・テン11位。DVDがKADOKAWAより発売。93分。モノクロ。

1966年▼監督＝山本薩夫

㊼『白い巨塔』

医学界の腐敗を暴く

原作＝山崎豊子。脚本＝橋本忍。
出演＝田宮二郎、田村高廣、小川真由美、東野英治郎ほか。

山本薩夫監督『白い巨塔』は、国立大医学部の教授ポストをめぐる争いを通し、医学界の腐敗を暴いた骨太の映画だ。

主人公の野心的な外科医を演じた田宮二郎が原作のイメージとぴったり重なるはまり役だったのをはじめ、小沢栄太郎ら老練な脇役陣が利権に群がるエスタブリッシュメントを好演。どんな組織にもありそうな権力抗争と人間ドラマが、リアルに繰り広げられる。

財前五郎（田宮）は、国立浪速大学付属病院の第一外科に勤務する助教授。40代の若手だが、食道がんの手術では名手と評価が高い。

第一外科の東教授（東野英治郎）は、財前の名声に嫉妬し、翌年春に定年退官する自分の後継者をほかの大学から迎えようと画策する。それを知った財前は、産婦人科の開業医である義父の後押しで、教授会選挙に勝つための露骨な多数派工作を始める。まず、最初のターゲットは鵜飼医学部長（小沢）だ。

財前は権力抗争に溺れ、患者の命を預かるという医師としての本分がおろそかになる。同期の第一内科助教授、里見（田村高廣）の度重なる忠告を無視した結果、がんの転移を見逃した患者が死亡。

遺族から誤診として提訴される。

「教授は大名、助教授は足軽頭。医局員は足軽」

愛人のケイ子（小川真由美）のアパートを訪れた財前が、大学病院の身分制度を、江戸時代に例えて言うせりふが強烈だ。それほど大きな身分差があるから、一つしかない教授のポストを求めて、財前や周囲の人々は狂奔するのだ。

同じく田宮が財前を演じた1978年放送のテレビドラマ（収録後に田宮が自殺、遺作となった）を観た人は、映画の結末を意外に思うかもしれない。実は映画は、65年にいったん完結した山崎豊子の小説が原作だが、ドラマは、その後山崎が書き継いだ続編も含めて映像化しているからだ。

「白い巨塔」が暴き出した大学医学部の封建的な身分制度は、68年に起きた東大闘争の端緒になった。原作の徹底した取材に敬意を表したい。

心に残る名せりふ　人事というものは

浪速大学の東教授は上京。東都大学の実力者、船尾教授に料亭で会い、浪速大の次期教授を推薦してくれるよう頼む。

船尾は「そこまでおっしゃるなら、適当な人物を選考してご連絡しましょう」と受諾する。だが、喜ぶ東にくぎを刺す。

「土壇場になって、浪速大学の出身者の力が強くて、お流れになるということはないでしょうな」

さらに続ける。

「人事というものは、そうした土壇場が一番難しいですからね」

船尾教授を演じた滝沢修の「したり顔」のアップが、すごみを感じさせる。

▶キネマ旬報ベスト・テン1位。毎日映画コンクールで日本映画大賞、監督賞、脚本賞を受賞。DVDがKADOKAWAより発売。149分。モノクロ。

1967年▼監督＝小林正樹

『上意討ち　拝領妻始末』

組織の非人間性を描く

58

原作＝滝口康彦。脚本＝橋本忍。
出演＝三船敏郎、司葉子、加藤剛、仲代達矢ほか。

「すまじきものは宮仕え」という言葉がある。「人に仕え、使われるということは、いろいろと苦労が多いから、しないにこしたことはない」（三省堂『新明解故事ことわざ辞典』）という意味だ。

小林正樹監督『上意討ち　拝領妻始末』は、まさにこの格言を絵に描いたような作品だ。主人公の武士一家は、藩主のわがままに翻弄《ほんろう》され、悲劇のどん底に落ちていく。江戸時代、会津藩馬まわり役の笹原伊三郎（三船敏郎）は、藩きっての剣の使い手。突然、主君松平正容（松村達雄）の側室お市の方（司葉子）を、長男与五郎（加藤剛）の妻に拝領せよと命じられ、困惑する。この件は、与五郎が自ら藩命に従ったことで〝解決〟し、結果的に、2人は幸福な結婚生活を送る。ところが2年後、正容の嫡子が急死したことから、再び一家の運命が暗転する。今度は、いち（お市の方）を返上せよという上意が下達されるのだ。

カンヌ国際映画祭審査員特別賞を受賞した『切腹』（1962年）で、武家社会の非人間性を正視できないほど痛々しく描き出した小林監督が、今回も、これでもか、これでもか、と主人公一家を追い詰めていく。婿養子で、家庭では勝ち気な妻のわがままに耐え、藩の勤めも忍耐強くこなしてきた伊三郎が、どこまでこの理不尽な仕打ちを我慢できるのか。伊三郎と与五郎父子の心の動きと、伊三

※『上意討ち　拝領妻始末』
好評発売中　発売・販売元：東宝

※

郎の良き理解者である国まわり支配の剣客、浅野帯刀（仲代達矢）との交流と対決が、見どころだ。

三船が魅力的だ。穏やかな表情の下に、強い意志を秘めたスケールの大きな人物は、『椿三十郎』（62年）など黒澤明作品の役柄に通じている。仲代との対決シーンも、『椿三十郎』の血が噴き出す有名な場面や、同じく黒澤の『用心棒』（61年）を思い出させる。

映画にリアリティを与えているのは、藩主の意向を忖度《そんたく》し、組織防衛と自らの保身に走る藩幹部（神山繁、三島雅夫、山形勲らが好演）の醜さだ。映画ほど極端でなくても、今でもどこかできっと同じことが続いているのだろう。ため息が出る。

心に残る名せりふ　人それぞれに生き方がある

理不尽な藩の命令に、ついに反旗を翻した伊三郎と与五郎が立てこもる家に、次男の文蔵（江原達怡）がやってくる。母すが（大塚道子）や親族の意向を受けて、2人に藩命に従うよう説得に来たのだ。

伊三郎は、すがや文蔵、親族にもとがめが及ぶだろうが、決意は変えられないと告げる。そしてすがや文蔵のこの間の行動を恨んでもないし、責める気もないと言う。

「人それぞれに生き方がある。人それぞれにみんな生き方があるのだ」

多様な生き方を認めることが、自由への一歩なのだ。

▶キネマ旬報ベスト・テン1位。ベネチア国際映画祭批評家連盟賞、毎日映画コンクール日本映画大賞を受賞。128分。モノクロ。

1970年▼監督＝吉田喜重

⑲『エロス＋虐殺』あまりに美しく、そして…

脚本＝山田正弘、吉田喜重。
出演＝岡田茉莉子、細川俊之、楠侑子、高橋悦史ほか。

大正時代のアナキスト、大杉栄と伊藤野枝らの自由恋愛を扱った吉田喜重監督『エロス＋《プラス》虐殺』のDVD〈ロング・バージョン〉は、上映時間が3時間36分もある。この長さに、初めから敬遠する人もいるだろう。実は筆者もそうだった。

意を決して観た。1970年の公開時以来（当時は2時間45分の版）久々に観る映画は、美しかった。公開時には、大杉が説く自由恋愛の自分勝手な理屈に拒絶反応を起こしたが、今回はさほど気にならず、最後まで一気に観ることができた。2度目ということで、表面的な言葉にとらわれず、映画の中に素直に入っていけたせいだろう。やはり、あまりに長すぎ、観念的すぎるところがあるとは思うが、それを上回る力と美しさを持つ作品だ。

69年、女子大生の束帯永子（伊井利子）が、大杉と野枝の遺児、魔子（岡田茉莉子）にインタビューしている。大杉と野枝は関東大震災直後、憲兵大尉、甘粕正彦により虐殺された。

「あなたはそのとき七つでしたね」

永子の問いに、魔子は「私は関係ないことです」と言う。

画面が切り替わり、時代は、大杉（細川俊之）と野枝（岡田・一人二役）の恋愛が始まった大正5

(16)年の春になる。

平塚らいてうが創刊した雑誌『青鞜』に参加、夫のダダイスト辻潤との間に生まれた2児の母だった野枝は、辻を捨てて大杉の元に走る。だが、内縁の妻（八木昌子）と新聞記者の愛人（楠侑子）がいる大杉は、「3人を公平平等に愛している」と公言し、複雑な関係を続ける。やがて……。

現実に起きた出来事をベースに描く「過去」と、女子大生と周囲の男たちとの関係を抽象的に描く「現在」が交互に映され、時には過去の人物が現代の風景の中に登場する。冒頭のインタビュー場面で、魔子が言った「関係ない」という言葉は、逆説的な表現なのだ。野枝の物語は、現代の女性たちにも無縁なものではないのだ。

映画では、大杉や野枝らの政治的な側面ではなく、あらゆる行為に「自由」を求めた生き方にスポットを当てている。彼らがなぜ、虐殺されねばならなかったか。その答えがここにある。

心に残る名せりふ　春三月　縊り残され

大杉栄と伊藤野枝が満開の桜の下を歩く場面は、一柳慧の音楽も素晴らしく、圧倒的に美しい。

野枝に「私の手紙を無視した」と責められた大杉は「返事を書いたが、ラブレターのようになったので出さなかった」と明かす。

野枝の顔がパッと明るくなり「桜が瞳の中に映って散ったわ」と言う。

大杉は暗い表情で

「春三月　縊《くび》り残され　花に舞う。あの日も桜が咲いていた」

とつぶやく。

「春三月――」は、獄にいて大逆事件の連座を免れた大杉が、出獄して幸徳秋水らの刑死を知って詠んだ歌。この場面で、とても効果的に使われている。

▶キネマ旬報ベスト・テン4位。〈ロング・バージョン〉のDVDが松竹より発売。216分。モノクロ。

1975年▼監督＝山本薩夫 60

『金環蝕』今も変わらぬ？腐敗の構造

原作＝石川達三。脚本＝田坂啓。
出演＝仲代達矢、宇野重吉、三國連太郎、高橋悦史ほか。

山本薩夫監督『金環蝕』は、石川達三の同名の小説が原作。1960年代に実際に起きた福井県・九頭竜川《くずりゅうがわ》ダム建設をめぐる汚職疑惑をモデルに、権力と金に群がる人間たちの姿を描いている。

政権中枢と大手ゼネコンが結託し、ダム工事を利用して巨額の利益を得る。映画が公開されたのは40年以上も前だが、総理夫人が一役買ってスキャンダルになったり、疑惑が国会で追及されて関係者が証人喚問されたり、2017年に起きた森友学園や加計学園の問題（映画と比べてスケールは小さいのだが）とどこか重なってしまう。

結局、この世は金で、権力をかさに着た腐敗の構造は変わることがないのだろうか？　そんな問題を考えるためにも、今お薦めしたい一本だ。

64年、衆参両院で過半数を占める民政党の総裁選挙が実施され、現職の寺田が勝利し、第3次寺田内閣がスタートした。

その直後、「金融王」と呼ばれる貸金業者、石原（宇野重吉）を、内閣官房長官、星野（仲代達矢）の命を受けた秘書官、西尾（山本学）が訪れ「現金2億円を用立ててほしい」と申し入れる。

石原は申し出を断るが、部下に命じて、星野の調査を開始させる。そして、星野が大手ゼネコン、竹田建設の専務、朝倉（西村晃）と深くつながっていること、竹田建設が、近く始まる福竜川《ふくりゅうがわ》ダム建設工事を落札するために、政界工作を進めていることを突き止める。

石原は業界紙社長、古垣（高橋悦史）から、総理夫人（京マチ子）が「竹田建設をお願いします」と書いた名刺を入手し、星野に接触する。そこに〝政界の爆弾男〟といわれた衆議院議員、神谷（三國連太郎）がからむ……。

登場人物は多く、ストーリーも複雑だ。上っ面を追うだけで精いっぱいになりそうだが、そこは名匠、山本監督が見事にさばく。宇野、三國、仲代はじめ俳優たちも「怪演」という言葉がふさわしい演技で、欲望にうごめく人間を演じている。

登場人物はいずれも実在した人物がモデルになっており、当てはめながら見るのも一興だ。西尾や古垣のモデルは、現実も映画と同じように不慮の死を遂げているのが怖い。籠池泰典・前森友学園理事長が国会の証人喚問で述べた言葉ではないが、まさに「事実は小説よりも奇なり」なのだ。

心に残る名せりふ　政財官が結び付いている

『金環蝕』の大きなテーマの一つは、戦後の混乱期にのし上がってきた石原、神谷と、エリートの星野との対決だ。石原は直接会った星野から「あなたはよく言えば乱世の英雄。そろそろ、おとなしくしておいたほうが身のためではありませんか」と、やんわりと脅される。石原はその後、国会で質問をする神谷に資料の提供を申し込まれ、言う。「あんたも私も戦後のどさくさにまぎれてここまでのしてきた人間だ、面白かったなあ、あのころは。けど今は違うぞ。政界と財界、官僚が手の付けようもないほどがっしりと結び付いている」

▶キネマ旬報ベスト・テン3位。DVD が KADOKAWA から発売。155 分。カラー。

『影武者』映画の外でも人間ドラマ

脚本＝井手雅人、黒澤明。
出演＝仲代達矢、山崎努、萩原健一、根津甚八ほか。

映画が私たちを魅了する一つの理由は、作品に込められた大勢の人々の夢やエネルギーが、画面を通して伝わってくるからだ。もちろん、作り手たちの夢はそれぞれ異なり、それを一本の映画にまとめあげていくのは簡単なことではない。時には、作り手同士の深刻な対立が、映画の中のドラマ以上に私たちを驚かせることがある。撮影開始後に主演の勝新太郎が降板、仲代達矢が急きょ代役を引き受けた黒澤明監督『影武者』がそうだった。

戦国時代の甲斐の武将、武田信玄（仲代）は戦の途中、狙撃され、不慮の死を遂げる。信玄の弟、信廉《のぶかど》（山崎努）や重臣らは「自分の死を3年間は秘密にせよ」という遺言に従い、信玄にうり二つの男（仲代・一人二役）を影武者にする。この男は泥棒で、死刑になろうとしていたところを、信廉が命を助け手元に置いていたのだ。信玄の死のうわさを聞いた織田信長や徳川家康らは、真偽を確かめようと躍起になる。果たして影武者は、敵も味方も欺き続けることができるのだろうか。

世界配給を前提とし、黒澤監督を敬愛するフランシス・コッポラやジョージ・ルーカスが海外版プロデューサーに名を連ねた大作。主役交代の影響や、黒澤作品にいつも『七人の侍』（1954年）と同じ面白さや普遍性を求めてしまうファンの過剰な期待もあって、公開当時は批判も目立った。だ

※『影武者　【東宝 DVD 名作セレクション】』
好評発売中　発売・販売元：東宝

※

が、今、虚心に見ると、騎馬軍団の夜の戦闘シーンをはじめ、どうしたらこんなに美しく迫力がある場面をCGなしで撮ることができたのだろう、と息をのむ名場面が幾つもある。

主役以外のほとんどの出演者を一般公募。〝影武者〟のような難役を受けた仲代の好演とともに、萩原健一らオーディションで選ばれた俳優たちの熱演も光る。

それにしても、なぜ勝はこの大役を降りたのだろう？

勝が自分の演技を撮るために持ち込んだビデオカメラに、黒澤監督が怒ったことが引き金だとしても、そこにいたるまでの葛藤があったはずだ。その人間ドラマは、もう一本の映画になるのかもしれない。

心に残る名せりふ　人の影は一人歩きはできぬ

信玄の弟、信廉は長い間、自ら、信玄の影武者を務めた経験がある。信廉は、新たにその役に就く泥棒に対し、影武者であるとはいかなることか、心境を吐露する。

「影法師も楽ではない。己《おのれ》を殺して人の影になるのはつらい務めだ。時々己にかえって気ままにしたくなる。いや、今にして思えば、それはわがままというものか。人の影は、その人を離れて、一人歩きはできぬ。兄の影法師のこのわしは、兄を亡くして、今、どうしてよいやら分からぬ」

影武者の悲哀を言い表している。

▶キネマ旬報ベスト・テン２位。カンヌ国際映画祭で最高賞（パルムドール）受賞。毎日映画コンクールで日本映画大賞、監督賞、男優演技賞（仲代達也）、美術賞、音楽賞などを受賞。179分。カラー。

1983年▼監督＝神山征二郎

62

『ふるさと』
ダムに沈む村の悲しみ

原作＝平方浩介。脚本＝神山征二郎。
出演＝加藤嘉、長門裕之、樫山文枝、前田吟ほか。

神山征二郎監督『ふるさと』は、ダム建設で湖底に沈む村を舞台に、「ぼけが始まった」老人と周囲の人々の日常を淡々と描いた秀作だ。

声高にメッセージを叫ぶのではなく、日々の出来事や感情の変化を静かに描く。そうした抑制した演出が、現在の原発事故にも通じる「ふるさとを捨てることを強いられた人々の深い悲しみ」を際立たせている。

1982年、揖斐川上流の岐阜県徳山村。人口千数百人のこの村は、多目的ダムの建設に伴う水没予定地となり、集団移転計画の議論が始まっていた。

村の老人、伝三（加藤嘉）は最近、妻を亡くし、ぼけが進んだようだ。同居している息子の伝六（長門裕之）や嫁の花（樫山文枝）を、ほかの人と間違えることもある。昼間はダム工事に出ている伝六夫婦は、父親の扱いに困り、離れを建てて、体よく隔離する。伝三は怒るが、結局息子に従うしかない。伝三が元気を取り戻すのは、隣家の息子で小学生の千太郎（浅井晋）に、釣りの話をするときだ。アマゴ釣りの名人だった伝三は、千太郎に秘密の釣り場を教え、極意を伝授する。そんなときには、ぼけはすっかり解消したように見える……。

※『ふるさと』
発売元：ＤＩＧレーベル（株式会社ディメンション）

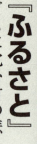

※

野村芳太郎監督『砂の器』（74年）の主人公の父親役などで知られる名優、加藤が、時にはユーモラスで、時には哀愁に満ち、時には老人らしいわがままぶりを発揮する伝三を、見事に演じている。認知症という言葉は定着していない時代だ。父親の言動に、息子が怒りを爆発させてしまうのも仕方ないのだろう。伝六役の長門もうまい。

映画製作から30年以上がたった。さまざまな論争があったダムは２００８年に完成。徳山村は消えてしまった。それにしても、映画に映し出された徳山村の風景が、何と美しいことか。木々の緑、清流、子どもたちが通った分校の校舎。それらすべてが、人々の暮らしとともに失われてしまったことに、改めてショックを受けた。映画が持つ記録性という観点からも、貴重な作品と評価したい。

心に残る名せりふ　山は独りでも寂しうない

伝三老人が秘密の釣りポイントに千太郎を連れて行く途中、２人は渓流のそばで食事休憩する。ご飯の真ん中に梅干しの「日の丸弁当」を食べる少年に伝三が言う。

「山はな、独りでおってもちっとも寂しうない。木や花がな、みんな生きとるから。山にゃそういうものがいっぱいあるから、寂しうない」

自然への愛情や畏敬、人と自然との交わりが、言い尽くされている。自分が体験から学んだ大切なことを、少年に伝えておきたい。そんな老人の思いが伝わってくる。

▶キネマ旬報ベスト・テン10位。モスクワ国際映画祭最優秀男優賞受賞。毎日映画コンクールで特別賞（加藤嘉）受賞。106分。カラー。

1986年▼監督＝岡本喜八

63

『ジャズ大名』あきれるほど陽気な快作

原作＝筒井康隆。脚本＝岡本喜八、石堂淑朗。
出演＝古谷一行、財津一郎、神崎愛、岡本真実ほか。

岡本喜八監督は映画の楽しさを教えてくれた映画人の一人だ。代表作『独立愚連隊』（1959年）『日本のいちばん長い日』（67年）『肉弾』（68年）『大誘拐　RAINBOW　KIDS』（91年）などに加え、今回ぜひ紹介したいのが『ジャズ大名』だ。

最初に観たとき「本当にふざけた映画だ」とメモしたのを覚えている。けなしたのではない。あきれるほどの陽気さに感心したのだ。

筒井康隆の、想像力にあふれた原作を基に、岡本監督が持ち味である無国籍性やリズム感を存分に発揮している。今観ても、30年前にこんな実験的な商業映画がよくつくれたと驚くほど、異色の娯楽作品に仕上がっている。

65年、南北戦争終了直後の米国。奴隷から解放されたジョー（ロナルド・ネルソン）は、親族と一緒に、ニューオーリンズで流行している新しい音楽の演奏を始める。だが、故郷のアフリカに帰ろうとした彼らは、メキシコ人の商人（ミッキー・カーチス）にだまされ、香港行きの船で働かされることになる。

大嵐の日、彼らは船からボートで脱出し、日本の浜辺に漂着する。時は幕末、漂着地の庵原藩の藩主、海郷亮勝（古谷一行）は大の音楽好きで、ジョーらが演奏する音楽、ジャズに興味を持つ。

原作では南九州だった漂着地を映画では駿河湾に変え、庵原藩の城が、海と山に囲まれた東海道の難所に立っていることにしたのがミソだ。城の長い廊下を通り抜けるのが、東海道を行く安全便利な近道という設定にし、そこを通過する旗本や倒幕派の志士などの集団を通じて、幕末の動乱の時代を描くことができた。

もちろん映画の見せ場は、時代の変化と関わりなく、廊下の下の世界で、藩全体を巻き込んで繰り広げられるジャムセッション。藩主の亮勝がクラリネットを吹き、ジョーらと即興演奏を始めると、琴や三味線に、そろばんや鍋まで加わって熱狂のライブが続く。

藩主の妹役を好演している岡本真実は監督の娘。家老役の財津一郎、やぶ医者役の殿山泰司、英語ができる武士役の本田博太郎らの動の演技が古谷の静を引き立てている。監督自身が〝昼寝族〟の首長役で出演していたり、タモリも意外な役で出ていたり、山下洋輔の音楽と併せ、楽しみどころが多い。

心に残る名せりふ　戦うためではない

庵原藩の城は交通の便がいいため、倒幕派や幕府の兵らから、たびたび城の通行許可を求められる。ついに城主、海郷亮勝は家臣にこう命じる。

「部屋の畳を起こし、建具を外し、調度を片付ける！」

いよいよ藩もどちらかの勢力に付いて戦に参加するのか、と息をのむ家老に向かい亮勝は言う。

「戦うためではない。ここをただの道にするためだ。幕府も薩長も自由に（城内を）通ってもらえ。余にはこれ（楽器）さえあれば」

戦よりジャズが大事。岡本監督の思いがこめられている。

▶キネマ旬報ベスト・テン10位。DVDがKADOKAWAより発売。85分。カラー。

2007年▼監督＝周防正行

64 『それでもボクはやってない』

君が痴漢と間違われたら

脚本＝周防正行。
出演＝加瀬亮、瀬戸朝香、役所広司、山本耕史ほか。

電車内で痴漢を疑われた男性が線路に飛び降り逃走する事件が、2017年に東京などで相次いで起きた。こうしたニュースに接した時、多くの人は「逃げたのは痴漢行為をしたからだ。なんと卑劣な男だろう」と反応しがちだ。実は自分もそうだった。

だが、疑われた人が無実だったということも、現実にある。周防正行監督『それでもボクはやってない』は、そうした痴漢冤罪《えんざい》事件をテーマに、警察の捜査や裁判の問題点を描いた作品だ。

フリーターの金子徹平（加瀬亮）は、就職の面接に向かう朝、超満員の電車の中で、女子中学生に痴漢と間違えられ、駅員室に連れて行かれる。

「彼は犯人ではない」と証言する女性客もいたが、駅員は取り合わず、駆けつけた警察官に、徹平は現行犯逮捕される。無実を主張する徹平に対し、刑事は「罪を認めて罰金を払ったらすぐ出してやる」と責め、当番弁護士も「裁判で戦っても、いいことなんか何もない」と暗に示談を勧める。

息子を信じる母親（もたいまさこ）や、親友（山本耕史）は、元裁判官の荒川弁護士（役所広司）に弁護を依頼。荒川と若手の須藤弁護士（瀬戸朝香）が担当する。結局、徹平は起訴され、被告として裁かれることになる。裁判では、彼を犯人と断定するには無理があることが明らかになっていく、

と見えるが……。

『Ｓｈａｌｌ　ｗｅ　ダンス？』（32頁）など娯楽作品で知られる周防監督が、初めて挑んだ社会派映画。痴漢冤罪事件の新聞記事に触発され、取材をするうち、日本の刑事司法の現状に驚き「作らなければならないと感じた」という。使命感が伝わってくる。

もちろん痴漢は恥ずべき犯罪だし、決して許すことはできないが、だからといって無実の人を犯人にしていいはずがない。その当たり前のことが通用しないのはなぜか？　映画では、徹平がたどる過程を丁寧に追うことで、冤罪が生まれる背景を描き出す。徹平が、どこにでもいそうな普通の青年であることが、じわりと怖さを呼び起こす。もしある日、君が痴漢と間違われたら、無実を主張し続けられるだろうか。

心に残る名せりふ　すべての男に動機がある

検察側は、徹平の部屋にあった痴漢の題の付いたアダルトビデオの写真を証拠として提出する。接見した須藤弁護士から写真を見せられ、「どういうこと？」と言われた徹平は

「これが痴漢の証拠なんですか？」「だったら、男はみんな犯人だ」

と反発する。

須藤は「その通りよ。すべての男には動機があるの。そして、被害者のすぐそばに乗っていたんだから、アリバイもない」と言う。

いったん疑いをかけられると、それを晴らすのが、いかに難しいか。この言葉が言い表している。

▶キネマ旬報ベスト・テン1位。毎日映画コンクールで日本映画大賞、監督賞受賞。DVD がフジテレビジョン・アルタミラピクチャーズから発売（販売元は東宝）。143 分。カラー。

1960年▼監督＝大島渚

『青春残酷物語』

日本のヌーベルバーグ

65

脚本＝大島渚。
出演＝桑野みゆき、川津祐介、久我美子、渡辺文雄ほか。

日本のヌーベルバーグ（新しい波）の草分けといわれる大島渚監督『青春残酷物語』が公開されたのは、1960年6月3日。日米安保条約改定に反対する60年安保闘争の真っただ中だった。15日には、デモ隊が国会構内に突入して警官隊と衝突、東大生の樺美智子さんが死亡した。

一見、政治とは無関係な、刹那的に生きる若者を主人公としたこの映画には、そうした時代の特質が刻印されている。前年に監督デビューし、これが2作目。公開時は28歳だった大島の、みずみずしい感覚と、時代と刺し違えようとする気迫が伝わってくる。

女子高生の真琴（桑野みゆき）は盛り場で遊んだ後、自家用車の男（山茶花究）に声を掛ける。ちゃっかり家に送らせようとする算段だ。だが、男にホテルに連れ込まれそうになり、たまたま通りかかった大学生の清（川津祐介）に救われる。

それがきっかけで、2人は付き合い始め、やがて一緒に暮らすようになる。だが、生活に展望はなく、金をかせぐために「つつもたせ」を繰り返す。妊娠した真琴に、清は中絶することを望む……。

主人公の2人を「怒れる若者たち」と呼べばいいのだろうか。彼らは、学生運動に青春をささげ挫折した真琴の姉（久我美子）や、姉の昔の恋人（渡辺文雄）のうじうじした生き方をさげすみ、欲望のままに生きようとする。

「おまえも少しは先のこと考えてみろ」という友人の訳知り顔の忠告を嫌悪し、金持ちを憎む。大人は皆、汚いのだ。だが、若い体を餌に、大人から金を巻き上げる行為は、純粋なのだろうか？　実は自分たちの生き方も、女を食い物にしているチンピラ（佐藤慶）たちと変わりないと気付くのだが、そのときはもう遅すぎた。中絶手術を受けた真琴のそばで、清がりんごをかじる場面は、取り返しの付かない悲しみを伝えてくる。

ヒロインを演じた桑野みゆきは、42年生まれ。清純派女優として活躍していたが、この作品でイメージチェンジし注目を集めた。その後も黒澤明監督『赤ひげ』（65年）などに出演するが、67年に結婚、芸能界から引退した。

『砂の器』（74年）などの名カメラマン、川又昂の映像を味わうためにも、ぜひデジタル修復版での鑑賞をお勧めしたい。

心に残る名せりふ　腹が立ってただけさ

初めて2人で会った日、白昼の隅田川河口の貯木場で、清はまるで乱暴するように真琴を抱く。川で泳いで、戻ってきた清に、真琴は聞く。

「嫌いじゃないのね？　嫌いで、したんじゃないのね？」

清は言う。

「ちょっと腹が立ってただけさ。それもあんたに対してだけじゃないかもしれない」

「じゃ、何に」

真琴の問いに、清は答える。

「何もかもさ」

理由もなくいらだっている若者の気分が、いかにも大島渚監督らしい少し理屈っぽいせりふで表現されている。

▶第1回日本映画監督協会新人賞受賞。『青春残酷物語　デジタル修復版』ブルーレイ、DVDが、松竹より発売。96分。カラー。

66

1963年▼監督＝山下耕作

『関の彌太ッペ』

木槿の花が悲しい

原作＝長谷川伸。脚本＝成沢昌茂。
出演＝中村錦之助、木村功、十朱幸代、夏川静江ほか。

「股旅もの」と呼ばれる時代劇のジャンルがある。主人公は、旅から旅へと流れていく一匹おおかみのアウトロー。さまざまな出来事に遭遇する中で、いかに「渡世の義理」を通していけるかが、ドラマの主軸となる。

代表作の一本が、山下耕作監督『関の彌太ッぺ』だ。物語の展開に無理がなく、主人公の感情の動きに素直に共感できる。主演の萬屋錦之介（当時の芸名は中村錦之助）の演技や、花や空などを効果的に映した叙情的な映像が素晴らしく、21世紀の観客の心にも訴える力を持つ作品だ。

常陸の国、関本生まれの彌太郎（錦之助）は、今は「関の彌太ッペ」と呼ばれる流れ者。両親と死別後、10年前の祭りの夜に、はぐれてしまった当時8歳の妹お糸を捜して、各地を旅している。ある日、旅先で川に溺れかけた少女お小夜を救った彌太ッペは、お糸のために持ち歩いていた50両の大金を、お小夜の父親、和吉（大坂志郎）に盗まれてしまう。彌太ッペは和吉を追い詰めるが、現れた「箱田の森介」（木村功）が、和吉を斬って金を奪っていく。死に際の和吉に、娘のお小夜を、宿場の旅館沢井屋に連れて行ってくれるよう頼まれた彌太ッペは、父の死を知らぬお小夜を沢井屋に連れて行く。実は彼女の母親は、沢井屋の娘だった。

※『関の彌太ッペ』
DVD 発売中　2,800 円（税込 3,024 円）　東映ビデオ

※

その後、彌太ッペと森介の和解、お糸の死などのエピソードをはさみ、物語は10年後に飛ぶ。そして、美しい女性に成長したお小夜（十朱幸代）をめぐる、彌太ッペと森介のドラマが始まる。それは「時代劇で一番好きなのは、股旅もの」という評論家、川本三郎が書くように「生きることの悲しさを知っている者と知らない者、挫折を知っている者と知らない者」の対立だ。（『時代劇　ここにあり』平凡社）

お糸の墓参りをする彌太ッペのかなたに広がる空が悲しい。彌太ッペがお小夜に別れを告げる庭に咲く木槿《ムクゲ》の花が悲しい。堅気に迷惑をかけてはならない、と我慢を貫く彌太ッペが悲しい。それは、独りぼっちで生きていくことを引き受けた男の精いっぱいの美学なのだ。

心に残る名せりふ
渡り鳥には名前はない

お小夜は10年ぶりに彌太ッペと再会するが、彼が幼い自分を救ってくれた恩人とは気付かない。再び窮地を救ってくれた彌太ッペが立ち去ろうとすると「旅人《たびにん》さん、どうかお名前を聞かせてください」と頼む。

彌太ッペは答える。

「渡り鳥には名前はありません」

彼はお小夜を励ます。「しゃば（この世）には、悲しいこと、つらいことがたくさんある。だが、忘れるこった。忘れて日が暮れりゃ明日になる」。それは、10年前にお小夜が聞き、以来ずっと心の支えにしてきた、恩人が発した言葉そのものだった。

▶89分。カラー。

1963年▼監督＝西村昭五郎

『競輪上人行状記』知られざる重喜劇の傑作

原作＝寺内大吉。脚本＝大西信行、今村昌平。
出演＝小沢昭一、南田洋子、加藤嘉、渡辺美佐子ほか。

67

西村昭五郎監督『競輪上人行状記』は、題名のイメージとは異なり、人間の業《ごう》を真正面から見つめた本格的な作品だ。

名脇役として活躍することが多かった小沢昭一が、根は真面目だが、ギャンブルで転落していく主人公を好演。ずしんと重くかつ滑稽で、共同脚本の今村昌平が自作に名付けた「重喜劇」という言葉がぴったりな、知られざる傑作だ。

寺の次男に生まれた伴春道（小沢）は、家業が嫌いで家を飛び出し、中学校の教師をしている。家庭に問題を抱え、家出した教え子のサチ子（伊藤アイ子）を上野駅で保護した春道は、偶然出会った知人から、住職を継いだ兄が急死したことを聞く。実家に戻った春道は、兄嫁（南田洋子）へのひそかな思いもあって、本堂再建の資金集めを引き受けるが、思うように金は集まらない。ある日、競輪場に行った春道は、初めて買った車券が大当たりしたことから、競輪に夢中になる。

一方、春道に寺を継がせたい父親の玄海（加藤嘉）は、息子に無断で、教師の退職願を出す。それを知って激怒した春道は、再建資金を持ち出し競輪場に向かう……。

とても、こうしたあらすじでは書ききれないほど、さまざまな人物が登場して、てんこもりのエピソードが描かれる。すごみがあるのは「余計なレースに手を出さないように」自分を縛って競輪を見る女性（渡辺美佐子）の話。ギャンブルの魔力がよく描かれている。ほかにも経営難の寺が犬の葬式を引き受ける話や、兄嫁が子どもの父親は誰かを明かす話などは、いかにも今村脚本らしく黒く重い。

春道は、悪い人間ではないのだが、ビギナーズラックの後、「ちょっとした勘の働きで大金が稼げる」といい気になって、ギャンブル漬けになっていく。そして、つらい現実に自分が耐えられなくなると、競輪に逃避する。そんな人間の弱さを、小沢がリアリティ満点で表現している。

実は、この映画の素晴らしさはラストにもある。「競輪上人」となった春道の説法は、小沢の渾身《こんしん》の演技、必見だ。

日活ロマンポルノ『団地妻』シリーズなどで知られる西村監督は、京大を卒業後、いとこの吉村公三郎監督の紹介で日活に入社。これが監督デビュー作だった。

心に残る名せりふ　本当の貧乏って

中学校の教師だった春道は、教え子のサチ子が妊娠しているのを知り、同僚と家庭訪問する。母親はサチ子の父親とは別の男と暮らしており、2人とも、サチ子を妊娠させた相手に心当たりがないと言う。

帰途、同僚の教師が春道に言う。

「相手は（義理の）おやじだよ。貧しいんだな、つまり」

驚いた春道は「貧しいからって、そんなでたらめは許されるもんじゃない」と反発するが、同僚は言う。

「おまえには分からないんだよ。本当の貧乏ってもんが。おまえの考えてるようなセンチなもんじゃない」

春道は後に、この言葉を痛切に思い出すことになる。

▶DVDが日活より発売（販売元はハピネット）。98分。モノクロ。

1963年▼監督＝沢島忠

『人生劇場　飛車角』

東映任俠映画の原点

原作＝尾崎士郎。脚本＝直居欽哉。
出演＝鶴田浩二、高倉健、佐久間良子、月形龍之介ほか。

沢島忠監督『人生劇場　飛車角』は、1963年に公開され大ヒット。その後量産された東映任俠《にんきょう》映画の原点になったといわれる作品だ。主役の鶴田浩二をはじめ佐久間良子、月形龍之介らが見応えたっぷりの演技を見せるが、特筆しておきたいのが高倉健。若く、勢いがあって、かつ明るい。その後、大スターになる過程で確立した、寡黙な暗いイメージより、むしろ実像に近くて魅力的だ。健さんの代表作の一本としても、ぜひお薦めしたい。

大正時代中期、横浜の遊女だったおとよ（佐久間良子）と一緒に、逃げのびてきた飛車角こと小山角太郎（鶴田）は、かくまってくれた小金《こきん》一家の出入りを自ら買って出る。小金一家の宮川（高倉）らを連れて乗り込み、相手の親分を殺した飛車角は、偶然逃げ込んだ民家で、吉良常（月形）と名乗る老人に救われる。その後、飛車角は自首し刑務所に入る。残されたおとよは飛車角を待ち続けるが、偶然出会った宮川に思いを寄せられるようになる。2人はそれまで会ったことがなく、おとよも宮川もお互いが飛車角と深い関係にあることをまったく知らなかったのだ。

「僕はヤクザ映画を撮った覚えはあんまりない」（『沢島忠全仕事』ワイズ出版）。監督が自ら語るように、ヤクザ映画というよりは、むしろ三角関係を描いたメロドラマだ。「男を立てたい」と願う男たちが、

※『人生劇場　飛車角』
DVD 発売中　2,800 円（税込 3,024 円）　東映ビデオ

※

女への未練を断ち切れずに苦しむ姿が、斬新な映像と相まって、観客を酔わせた。

原作は、尾崎士郎が20年以上にわたって執筆した自伝的長編小説。文化庁によれば、36年の内田吐夢監督の作品を皮切りに、現在まで14回映画化されている。沢島作品は、一登場人物である飛車角に焦点を当ててスピンオフしたのが特徴だ。

同じ飛車角＝鶴田、宮川＝高倉の配役で撮った内田監督『人生劇場 飛車角と吉良常』（68年）、本来の主人公である青年、青成瓢吉《ひょうきち》を主人公にした堂々たる大作である加藤泰監督『人生劇場 青春・愛欲・残俠篇』（72年）も、見比べると面白い。

心に残る名せりふ 今夜のことを忘れない

吉良常役の月形龍之介が、味があった。衣装合わせでは「大正期の、老残のヤクザなんだから、似合わん背広を出してくれ」と、最も似合わない背広を選んだという（『沢島忠全仕事』）。

青成瓢吉（梅宮辰夫）の住む家に逃げ込んで来た飛車角をかくまった吉良常は、飛車角の落ち着いた態度から人柄を一目で見抜き、自分の話を少しした後で言う。

「今別れたら、今度はいつ会えるか分からないが、今夜のことをお互いに忘れないでおこうよ」

吉良常と飛車角の友情の始まりだった。

▶94分。カラー。

1964年▼監督＝斎藤武市

69

『愛と死をみつめて』

日本中が涙した

原作＝大島みち子、河野実。脚本＝八木保太郎。

出演＝浜田光夫、吉永小百合、笠智衆、内藤武敏ほか。

大ヒットしたが、批評家の評価はそれほど高くないという作品がある。斎藤武市監督『愛と死をみつめて』も、その1本に入るだろう。

実話を基にしたこの純愛映画は、1964年9月に公開され、日活の歴代記録を塗り替える収入を上げたが、その年のキネマ旬報ベスト・テンの投票では19位に終わった。これでは、「必見の名作」に該当するのかと疑問を持つ人もいるかもしれない。実は自分も今回、半世紀ぶりに再見するまでは自信がなかった。

だが、久しぶりに観て、映画が丁寧につくられているのに感心した。過度にお涙頂戴的でなく、脇役をがっちりと固め、吉永小百合、浜田光夫コンビの良さをよく引き出している。小林旭の『渡り鳥』シリーズで知られる斎藤監督の、叙情性にあふれた秀作だ。

高野誠（浜田）は浪人中に入院した大阪の病院で、同年代の小島道子（吉永）と出会った。軟骨肉腫という重い病を抱えながら明るく振る舞う道子に、誠は好意を抱く。東京の大学に進んだ後も、入院を繰り返す道子と文通を続け、互いをマコ、ミコと呼び合い、愛し合うようになる。

だが、ミコの病が再発、顔の半分を手術で取らなければならなくなる。ミコの両親（笠智衆、原恵子）や、入院患者（宇野重吉、北林谷栄、笠置シヅ子ら）はミコを応援し、2人を温かく見守るが。

原作は、大島みち子と河野実の3年間にわたる同名の往復書簡集。大島は63年8月に21歳で病死。その年の暮れに出版された書簡集は、約160万部を売り上げるベストセラーになった。翌年4月にはテレビドラマが放映。青山和子が歌った同名の曲は、年末の日本レコード大賞を受賞した。マコとミコの純愛に、日本中が涙したのだ。

映画化は、原作を読んで感動した吉永が「どうしてもやりたいと思って日活にお願いして実現した」。そうした思いが、演技やナレーションから伝わってくる。名場面がいくつもあるが、ミコの父親役の笠が、娘の前では悲しみを隠す演技が涙を誘う。この作品で笠と初めて共演した吉永は、それ以来「女・笠智衆になりたい」と思い続けているという。

吉永がデビュー曲「寒い朝」や当時のヒット曲「川は流れる」を、浜田とデュエットする場面も、サユリストにはうれしい。

心に残る名せりふ　健康な日を三日ください

死期が近いのを自覚した道子は、病床で願う。

「病院の外に健康な日を三日ください」

「一日目！私は故郷にとんで帰りましょう」

「二日目！私は貴方《あなた》のところへとんで行きたい」

「三日目！私は一人で思い出とあそびます」

画面の文字と道子のナレーションに続き、それぞれの日に彼女が夢見る情景が、映像となって映し出される。

原作者の大島みち子が日記に記した言葉を、吉永が抑制しながら感情を込めて語る。美しく悲しい名場面だ。

▶毎日映画コンクールで脚本賞受賞、DVDが日活より発売（販売元はハピネット）。118分。モノクロ。

1979年▼監督＝柳町光男

『十九歳の地図』

苦しみ多い青春の日々

70

原作＝中上健次。脚本＝柳町光男。
出演＝本間優二、蟹江敬三、沖山秀子、原知佐子ほか。

自分を取り巻く世界とうまく折り合いをつけることができず、ひたすらいら立っていた時代があった。中上健次の初期の傑作短編を柳町光男監督が映画化した『十九歳の地図』は、今は忘れてしまったそんな感情を思い出させてくれる作品だ。

吉岡（本間優二）は19歳の予備校生。生まれ故郷の和歌山から単身上京し、新聞販売店に住み込んで、新聞配達のアルバイトをしている。彼がひそかに打ち込んでいるのは、配達区域の地図作り。各戸の家族構成や職業、出身地なども調べ、気に入らない家に×印を付けていく。新聞代の払いが悪いのやほえる犬がいるのは当然×印の対象だが、親切な対応の陰に見下した態度を感じたときは、×の数が増える。偽善は最も許せない悪なのだ。

重要な登場人物は、吉岡と同じ部屋で暮らす30過ぎの男、紺野（蟹江敬三）。芳しくない過去がありそうで、借りた金をギャンブルや飲み代に費やしてしまうだらしない性格だが、一方で、中原中也の詩を朗読し「女をだましたけれど、たぶらかしてはいない」「しょせん人生なんて、負け続けなんだ」と、達観したような言葉を吐く。

紺野が「かさぶただらけのマリアさま」とあがめる足の悪い女性（沖山秀子）も、吉岡の心を揺

※『十九歳の地図』
発売元：ＤＩＧレーベル（株式会社ディメンション）

※

さぶる存在になる。若い吉岡にとって、紺野や「マリア」は、貧しく救いがなく軽蔑すべき存在と映る。でも彼には、彼らと異なる明るい未来があるのだろうか。いや、もしかしたら、泥の中をはいずりながら生きている彼らのほうが、正直なのではないだろうか。

主役の本間はこれが俳優デビュー。暴走族幹部だった彼の「映画的な顔」に惹かれ、柳町監督が抜てきした。蟹江、沖山はもちろん、山谷初男、原知佐子ら存在感がある俳優たちが脇を固めた。音楽を担当した板橋文夫のジャズが、叙情性をかき立てる。この社会で曲がりなりにも生き延びてきた自分は、もはや吉岡に×印を付けられる側の人間なのだと思いながら、どこかで彼に感情移入してしまう。

こんなふうに突っ張って生きていた日もあったのだ。

心に残る名せりふ　どういう具合に生きたら

新聞販売店の部屋で、隣のアパートの夫婦げんかを聞きながら、紺野が悲しそうに吉岡に言う。

「どういう具合に生きていったらいいのか、分からないなあ」

「かさぶただらけのマリアさま」と抱き合うときも、金を見つけた紺野は、彼女に内緒で盗んでしまう。そして、小声で同じせりふをつぶやく。優しさはあっても、まともな生き方ができない紺野を、吉岡は憎みながらも突き放せない。そして同じ言葉を口にする。

ところで「生き方が分かる」と自信を持って言える人は、どれほどいるのだろうか。

▶キネマ旬報ベスト・テン7位。109分。カラー。

1980年▼監督＝大森一樹

『ヒポクラテスたち』

青春の光と影

71

脚本＝大森一樹。
出演＝古尾谷雅人、伊藤蘭、柄本明、小倉一郎ほか。

古代ギリシャの医師、ヒポクラテスは、当時の医術を集大成し、「医学の父」と称されている。大森一樹監督『ヒポクラテスたち』の主人公は、医大生の荻野愛作（古尾谷雅人）。愛作が同級生と共に、さまざまな問題にぶつかりながら日々を過ごす姿を、生き生きと描いている。監督自身が京都府立医大の卒業生であるためだろう。医師を目指す若者たちの日常と心情が、リアルに伝わってくる。若さとはかくも輝き、かくも愚かで、かくもはかないものなのだ。青春の光と影を映した群像映画の快作だ。

京都の医大の最終学年に在籍する愛作は、大学病院での臨床実習中だ。実習仲間は、紅一点の木村みどり（伊藤蘭）、ガリ勉の大島（狩場勉）、脱サラで子どもが2人いる加藤（柄本明）ら。手術の見学で気分が悪くなったり、分娩《ぶんべん》介助で人形の腕をひっこぬいてしまったり、「白衣に初心者マークが必要な」ヒポクラテスたちだ。愛作が住んでいるのは学生寮。ここにも、学生運動の闘士、南田（内藤剛志）はじめ、神崎（阿藤快）、西村（小倉一郎）ら個性的なメンバーがそろっている。恋人（真喜志きさ子）の妊娠をきっかけに、愛作の心に、重いものがたまっていく。そして……。

公開当時28歳。自主映画からスタートした大森監督の新鮮な感性が随所に感じられると同時に、豪

※『ヒポクラテスたち HD ニューマスター版』
発売・販売元：キングレコード DVD：￥3,800 ＋税／ Blu-ray ￥4,800 ＋税

華な出演者に驚く。解散したキャンディーズのメンバーで、芸能界から引退していたスーパーアイドル、蘭ちゃんが復帰。「普通の女の子」を見事に演じたのは大ニュースだったし、若い柄本や内藤らを、現在と比べながら見るのも一興だろう。映画監督の鈴木清順、漫画家の手塚治虫ら意外な出演者も映画を盛り上げている。

だが、もちろん、主役は古尾谷だ。日活ロマンポルノでデビュー。本作で脚光を浴びた彼は、その後映画やテレビで活躍するが、２００３年、45歳で自死した。彼の魅力が全面開花したこの作品を観ると、早すぎる死が改めて惜しまれる。

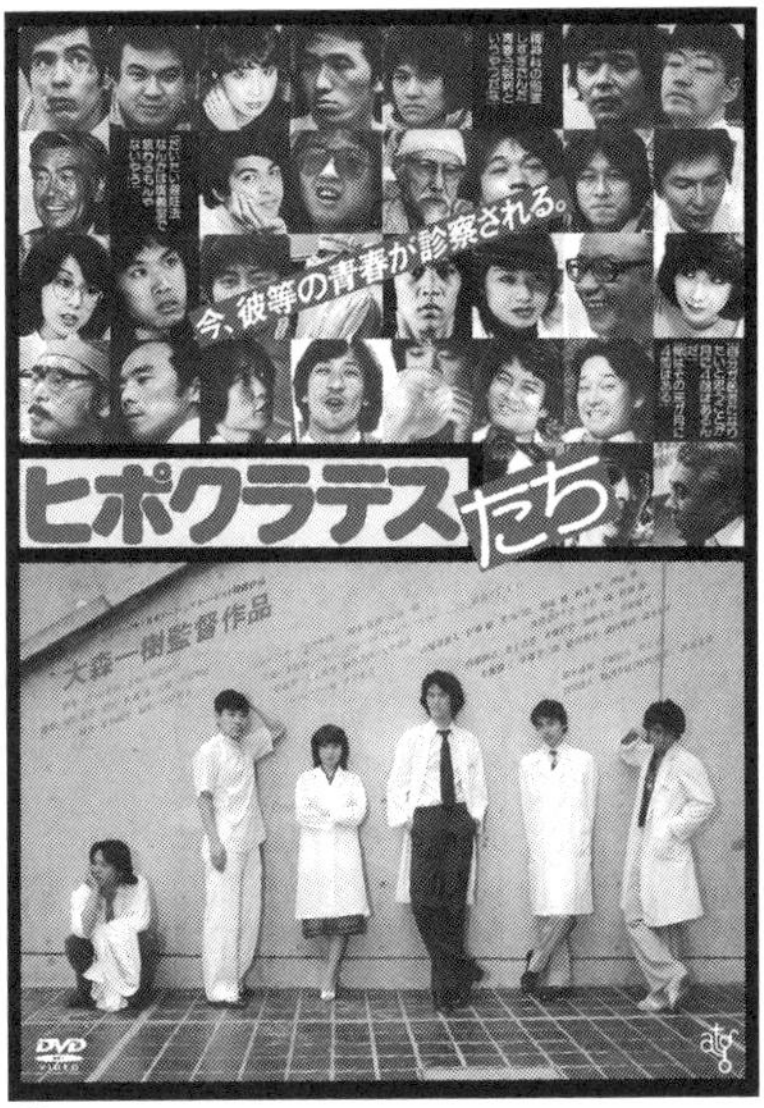

※

心に残る名せりふ　悪かったと思ってる

愛作の恋人、順子は、中絶手術の後、体調を崩してしまう。京都まで見舞いに来た順子の父親は、彼女を故郷の舞鶴に連れ帰ることにする。別れの日、愛作は、車に乗った順子に言う。

「悪かったと思ってる」

順子はため息をつきながら返す。「ほかに言うことないの」

愛作が彼女から手渡された手紙には「二度と京都には戻れないような気がします。でも、じたばたしてもしょうがないね。愛作、あまり気にしないで最後までがんばれ、あばよ」と書いてあった。いつでも、女はいさぎよく、男は情けない。

▶キネマ旬報ベスト・テン３位。126 分。カラー。

1985年▼監督＝相米慎二

72

『台風クラブ』

胸騒ぎがよみがえる

脚本＝加藤祐司。
出演＝工藤夕貴、三上祐一、大西結花、三浦友和ほか。

「相米慎二の映画は祭りである」。そう断じたのは、映画評論家の山根貞男さんだ（『日本映画・テレビ監督全集』キネマ旬報社）。「そうした青春の祝祭としての映画は（略）『台風クラブ』で頂点を窮めた」とも論じる。賛成だ。第1回東京国際映画祭ヤングシネマ部門で大賞を受賞した相米監督の『台風クラブ』は、若者たちのはじけるエネルギーと狂気に加え、祭りの背後にひっそりと横たわる死の影を、軽やかにかつ鮮やかに描いた作品だ。

ある夏の木曜日の夜、東京近郊の地方都市。学校のプールに遊びに来た中学3年生の女子5人が、1人で泳いでいた同級生の男子をからかっているうちに溺れさせてしまう。男子は危ういところを仲良しの野球部員2人に助けられ、担任の教師も慌てて駆け付ける。

ストーリーは一見すると、他愛もない。しかし、女子も男子も、明るい笑顔の陰に、もやもやした悩みやはけ口のない怒りを抱えていることが分かってくる。

金曜から土曜、そして日曜。台風の襲来という不穏な事態がきっかけで、彼らの鬱屈《うっくつ》がさまざまなかたちで爆発する。

暴風雨で閉じ込められた校舎の中で、ずっと思い続けていた美智子（大西結花）と2人きりになっ

※『台風クラブ』
DVD発売中：￥4,700＋税　発売元：パノラマ・コミュニケーションズ　販売元：NBCユニバーサル・エンターテイメント

た野球部員の健（紅林茂）は、美智子を執拗《しつよう》に追い詰める。一方、学校をサボって家出した理恵（工藤夕貴）は、恭一（三上祐一）というボーイフレンドがいるのに、原宿で知り合った大学生（尾美としのり）の部屋についていってしまう。

非日常の世界への扉が開いてしまい、迷い込んでしまった彼らは、もう日常に戻れなくなってしまうのだろうか。

※

映画のハイライトは、制服を脱ぎ捨てて下着になった男女の中学生が、わらべの「もしも明日が…。」を歌いながら、豪雨の校庭で乱舞するシーン。大人になる前の、ほんの一瞬しかない純粋な時間が、映像として焼き付けられている。観るたびに、あのころの胸騒ぎがよみがえってくる。

心に残る名せりふ
あと15年の命なんだよ

大人の世界を代表するのが担任の梅宮（三浦友和）。授業中の教室に恋人の母親と叔父が乱入し、結婚を迫られる醜態に生徒の一部は反発する。台風直撃の夜、自宅で酒宴を開いていた梅宮に、学校に閉じ込められた恭一らから電話がある。取り合わない梅宮に、恭一は「僕はあなたを認めません」と宣告。激怒した梅宮は怒鳴る。

「いいか若造、おまえは今どんなに偉いか知らんがな、15年もたちゃ、今のおれになるんだよ。あと15年の命なんだよ」と言って電話を切る。恭一は「僕は絶対にあなたにはならない」と言って電話を切る。梅宮の年齢をはるかに超えた筆者には、どちらの言い分もよく分かる。

▶キネマ旬報ベスト・テン4位。毎日映画コンクールで日本映画優秀賞、脚本賞を受賞。115分。カラー。

73

『Love Letter』お元気ですか？

1995年▼監督＝岩井俊二

脚本＝岩井俊二。
出演＝中山美穂、豊川悦司、酒井美紀、柏原崇ほか。

「うまいなあ」。岩井俊二監督『Ｌｏｖｅ Ｌｅｔｔｅｒ』を観ると、いつも素直に感心する。登場人物のちょっとした思い違いといたずら心が、思わぬドラマを生んでいく。それがとっても自然なのだ。だから、観客は、映画にすーっと入っていくことができる。

神戸に住む渡辺博子（中山美穂）は、山の遭難事故で死んだ恋人、藤井樹《いつき》の三回忌の帰り道、彼の家で北海道・小樽の中学校の卒業アルバムを見せてもらう。樹の母親（加賀まりこ）から「当時、小樽で暮らしていた家は、今は国道になってしまった」と聞かされた博子は、アルバムに載っていた樹の住所をひそかにメモし、手紙を出してみる。

「拝啓、藤井樹様。お元気ですか？私は元気です」。博子は天国にいる恋人に宛てて書いた手紙のつもりだったが、なぜか、返事が来てしまう。実は、樹が通っていた中学校の同じクラスに、同姓同名の女子（中山美穂・一人二役）がおり、博子がメモしたのは、彼女の住所だったのだ。これがきっかけで、神戸の博子と小樽の樹の、女性同士の文通が始まる。それと並行して、亡くなった樹の登山仲間でガラス工芸作家の秋葉（豊川悦司）と博子の現在進行形の恋愛や、小樽に住む樹の現在の生活や中学校時代の回想が描かれていく。そして、回想が進むにつれ、同姓同名の２人が互いに抱いていた

※「Love Letter」
発売元：フジテレビジョン／キングレコード　販売元：キングレコード　DVD ￥3,800＋税／Blu-ray ￥4,800＋税

※

感情が、淡い恋と呼ぶべきものだったかもしれない、という真実が明らかになっていく。

キャスティングが見事だった。二役を演じた中山はもちろん、２人の樹の中学生時代を演じた柏原崇と酒井美紀の初々しさが、映画をさわやかなものにした。豊川の軽さ、明るさ、中学校の同窓生役の鈴木蘭々のコミカルな演技も良かった。

博子が手紙に書いた言葉が、後半で大きな感動を呼ぶ。99年に公開された韓国でも大ヒット、「お元気ですか？」という日本語が流行語になった。もう会えなくなってしまった人に呼びかけ、「私は元気です」と伝える切ない気持ちが、国境を超えて人々の心を動かしたのだろう。

心に残る名せりふ　彼は2年前

手紙を出した小樽の住所を、秋葉と一緒に訪ねた博子は、そこに「藤井樹」という女性が住んでいるのを知る。彼女が不在だったため、博子は玄関の前で手紙を書き始める。

「私の知っている藤井樹は、あなたではありませんでした。私の藤井樹は男性です。そして昔、私の恋人だった人です」

その後、「彼は2年前」と書いた博子は、その文字を消し、「彼は今どこにいるのか分かりません」と書き換える。「2年前に死んだ」と本当のことを伝えることは必要ない、と判断したのだ。こうした優しさが映画の全編に流れている。

▶キネマ旬報ベスト・テン３位。毎日映画コンクールで日本映画優秀賞。113 分。カラー。

1996年▼監督＝北野武

『キッズ・リターン』悪友とつるんでいたころ

74

脚本＝北野武。
出演＝金子賢、安藤政信、森本レオ、石橋凌ほか。

悪友とつるんでいるのが、何より楽しい時代があった。忘れてしまいたい愚行も数多いが、心のどこかに、時間とエネルギーを持て余していたあのころを懐かしむ気持ちがある。北野武監督『キッズ・リターン』は、そんな青春の日々への哀惜にあふれた映画だ。

シンジ（安藤政信）が自転車で米の配達をしていると、久しぶりにマサル（金子賢）に出会う。2人は、同じ高校に通っていたころの、いつもつるんで悪さをしていた昔のことを思い出す。落ちこぼれだった2人は、「マーちゃん」「シンジ」と呼び合い、兄貴分のマサルにシンジがくっついているような関係だ。ある日、街でボクサーにこてんぱんにのされたマサルは、やり返すためにボクシングジムに通い始め、シンジも誘う。だが、ボクシングの才能があるのは、シンジのほうだった。それを自覚したマサルは、以前からの顔見知りで、あこがれていたやくざの組長（石橋凌）の配下に入る。シンジは、ジムの会長（山谷初男）から有望な新人と期待され、プロボクサーとしてデビューする。マサルも組の幹部になり、2人はそれぞれの道で、階段を上っていくのだが……。

シンジの優しさと弱さが、とてもうまく表現されている。マサルがいなくなった後、どうしようもなくだめな先輩ボクサー、ハヤシ（モロ師岡）の誘いを断り切れず、彼の悪魔のささやきに従って、

酒を飲んでしまう。一方、悪ぶっているマサルも、純粋で真っすぐな気持ちを持ち続けている。そして、それが、やくざの組織の中で邪魔になるときが来る。「努力すれば夢がかなう」。この映画の魅力は、そんなきれい事の青春ドラマにしないで、2人の挫折を、だれもがどこかで体験する普通の出来事として描いていることだ。生きていくのは楽ではないが、マサルやシンジにはまだ時間が残っている。それが希望だ。

北野ブルーと呼ばれる、独特の青みを帯びた色調と、久石譲の叙情的な音楽が、ストーリーと調和している。

心に残る名せりふ

おれ、また何か探すわ

ボクシングジムに通い始めたマサルとシンジはある日、ジムのリングに上がってスパーリングをする。すると、意外なことに、シンジのパンチがマサルを圧倒する。シンジには、ボクサーの才能があったのだ。

その後、行きつけの中華料理店で、マサルはシンジにこう言う。

「(自分が付けるつもりだったリングネームの)ダイナマイト・キッド、おまえにやるよ。おれ、また何か探すわ」

兄貴分のマサルのさまざまな思いが、短い言葉によく表されている。

▶キネマ旬報ベスト・テン2位。毎日映画コンクールで日本映画優秀賞、スポニチグランプリ新人賞(安藤政信)受賞。DVD、ブルーレイがバンダイビジュアルから販売中。108分。カラー。

1998年▼監督＝崔洋一

75 『犬、走る DOG RACE』
エスニック喜劇の快作

脚本＝崔洋一、鄭義信。
出演＝岸谷五朗、大杉漣、香川照之、冨樫真ほか。

ろくでなしの男たちの映画は面白い。例えば崔洋一監督『犬、走る　ＤＯＧ　ＲＡＣＥ』がそうだ。冒頭から、とてもここでは書けないような露骨な言葉を交えた男女の会話が始まり、当然のごとくベッドシーンが続く。公開時は15歳未満鑑賞禁止の「Ｒ—15」指定になったというのも素直にうなずける。だが、それを差し引いても、なおこの作品には、引き込まれてしまう魅力がある。それは、映画だからこそ許される、ばか騒ぎの快感だ。

中山（岸谷五朗）は東京・新宿警察署の刑事。在日コリアンの情報屋、秀吉（大杉漣）や中国人の美女、桃花（冨樫真）とつるみ、人種が混在する無国籍都市、新宿のど真ん中で、犯罪を摘発しているのか加担しているのか分からないような、危ない生活をしている。桃花はやり手で、中山と秀吉を手玉に取りながら、裏の世界で荒稼ぎしている。だが、愛人のやくざの組長、権田（遠藤憲一）に内緒で、バカラ賭博店を開こうとしたことがばれ、権田に殺されてしまう。権田もやはり在日コリアンだ。

そこからドラマのギアが一段上がり、中山や、同僚の刑事（香川照之）、秀吉らが入り乱れ、新宿や大久保の街路を疾走する。岸谷はタフで型破りな刑事がはまり役。同年公開の北野武監督『ＨＡＮＡ－ＢＩ』（36頁）でも重要な役を演じている大杉も、権田に「クズ」「犬」とののしられる秀吉を、

※『犬、走る　DOG　RACE』
DVD 発売中　4,500 円（税込 4,860 円）　東映ビデオ

滑稽で危険な映画

※

体を張って演じている。元々、松田優作主演で進行していたが、1989年に松田が死去し、見送られていた企画。『月はどっちに出ている』（93年）の崔と鄭義信のコンビは、主な登場人物をアジアからの不法滞在者にするなど全面的に脚本を書き換え、ゲリラ的な撮影を駆使して世紀末・新宿のリアルな姿に迫った。今はなき新宿コマ劇場はじめ、プリクラ、ビニ本、ポケベルなどの映像も懐かしい。

下品で暴力的だけれど、どこか憎めないところがある中山と秀吉を、「バカだなあ」と笑っているうちに、からっと明るく、そして、ちょっぴり切ない気持ちになる。『月は―』に連なる、崔監督のエスニックコメディの快作だ。

心に残る名せりふ

2日、寝てねえよ

冒頭のシーン。タクシーの中で中山は「2日、寝てねえよ。寒いな」と言う。だが、その後も、中山は眠らず動き続け、一度は歩きながら「死ぬほど眠てえ」と倒れ込みそうになる。

このせりふに、新宿の不夜城というイメージを重ねることもできるだろう。さらに、もう一つ、ビートルズの初期のヒット曲「ア・ハード・デイズ・ナイト」を思うのは、うがちすぎだろうか。「犬のように働いて、丸太のように眠る」という歌詞のごとく、疲れ切った中山は、丸太のように眠ることになる。

▶キネマ旬報ベスト・テン7位。毎日映画コンクールで男優助演賞（大杉漣）。110分。カラー。

2011年▼監督＝山下敦弘

『マイ・バック・ページ』

夢見たものは今

76

原作＝川本三郎。脚本＝向井康介。
出演＝妻夫木聡、松山ケンイチ、忽那汐里、石橋杏奈ほか。

「一九六〇年代後半のあのころ、時代がギシギシと音を立てながら鋭く回転していた」。２００７年に刊行された本の（注）「まえがき」で、自分の実感をこう書いた。

山下敦弘監督『マイ・バック・ページ』は、そんな時代に翻弄《ほんろう》され、ずたずたに傷ついていった若者の姿を描いている。

１９６９年1月、東大に機動隊が導入され、安田講堂などを占拠していた全共闘系の学生たちは排除された。その年、東大大学院に在籍していた沢田（妻夫木聡）は、大手新聞社に就職、週刊誌の編集部の記者になる。ウサギを路上で売るテキヤへの潜入取材や、新左翼運動の現場取材などを通し、時代の核心に迫ろうと格闘していた沢田の前に、過激派「京西《けいせい》安保」の幹部と自称する梅山（松山ケンイチ）が接触してくる。先輩記者の中平（古舘寛治）は「怪しい」と警告するが、沢田は、宮沢賢治を愛読し、ＣＣＲの「雨を見たかい」をギターでつま弾く梅山に惹《ひ》かれていく。梅山は学生仲間を引き込んで、自衛隊基地を襲撃、武器を奪う計画を立てる。そして……。

評論家、川本三郎の回想録『マイ・バック・ページ　ある60年代の物語』（平凡社）が原作。

冷静に見れば病的なうそつきとしか思えない梅山に、沢田はなぜ引っかかってしまったのか。梅山

らが、罪もない自衛官の殺害事件を引き起こした後も、なぜ見捨てることができなかったのか。

そうした沢田の愚かさや、当時の新左翼運動の問題点などを、事実に基づき、美化せず率直に描いているのがいい。そのことによって、善意に満ちた誠実な人間が犯罪に巻き込まれてしまう事態もあることが、よく分かる。もちろん、梅山の犯罪は許すことができないが、責任を背負い続けていかねばならない沢田の苦しみも伝わってくる。

山下監督は、当時のニュース映像や映画、ヒット曲などを効果的に配し、妻夫木、松山の個性を生かして、あのころの空気を再現した。タイトルは、ボブ・ディランの名曲「マイ・バック・ページズ」から。歩んできた道を振り返る時、人は何を見るのだろうか。

心に残る名せりふ　安全地帯から見ている

下宿に来た梅山に、沢田は「なんで学生運動をやろうと思ったの」と聞く。「安田講堂を見て、これだと思ったんです。やっと見つけたっていうか」。梅山の返事に、沢田は反応する。

「俺は苦しかったな。報道側から見てたけど。自分と同じ大学のやつらが負けていくのを、安全地帯から黙って見ているっていうのは」

梅山は言う。「沢田さんって優しすぎますよ」

確かに優しすぎるのかもしれない。だが、権力と同化したり、マスコミの特権にあぐらをかいたりするより、葛藤を抱えるほうがまともなのは、言うまでもない。

▶キネマ旬報ベスト・テン９位。毎日映画コンクールでスポニチグランプリ新人賞（忽那汐里）受賞。DVD、ブルーレイがバンダイビジュアルから発売。141 分。カラー。
（注）『日本人はどう走ってきたのか－団塊世代の『夢』の検証』（共同通信社編・著　講談社）

1949年▼監督＝木下恵介

『お嬢さん乾杯』

テンポ抜群な恋愛喜劇

⑦⑦

脚本＝新藤兼人。

出演＝佐野周二、原節子、佐田啓二、坂本武ほか。


日本映画は、喜劇は得意でない。笑いの裏に湿っぽさや説教くささがつきまとうことが多く、からっと明るく笑える映画が、なかなかない。

そんな中で、戦後4年足らずで公開された木下恵介監督『お嬢さん乾杯』のテンポ抜群な笑いには驚かされる。原節子が体を張ったギャグを演じる珍しい場面もあり、才気にあふれたロマンチックコメディの傑作としてお勧めしたい。

東京で自動車修理工場を経営する34歳の石津圭三（佐野周二）に、得意先の専務（坂本武）が縁談を持ち込んでくる。

相手は元華族の令嬢で26歳の池田泰子（原節子）。圭三は「身分違いで釣り合わない」と断るが、専務に強引に説得され圭三の行きつけのバーで見合いすることになる。

会った瞬間、「お嬢さん」の美しさに圭三は一目ぼれする。彼女からも承諾の返事が来て、圭三は有頂天で池田家を訪ねる。そして、結婚話の裏の事情を知る。戦争直後に泰子の父親が詐欺事件に巻き込まれて服役中で、一家は経済的に追い詰められていたのだ。

失望する圭三だが、美しく気立ても良い泰子を本心から好きになっており、交際を続け結婚直前まで話が進む。だが……。

冒頭、銀座の交差点で交通整理をしているお巡りさんが、パーンというパンクの音でバランスを崩す。このシーンが象徴するように、音や音楽による笑い、体の動きによる笑い、そして軽妙なせりふによる笑いが、うまく組み合わされている。

ロマンチックな恋愛ムードが高まった直後に、家の戸口を開けようとした泰子が、中から同時に戸を開けられ、つんのめって転ぶところなどは、もしかしたら、伝説の女優、原節子が演じた喜劇的な場面として、映画史に残る貴重な場面かもしれない。

泰子の母（東山千栄子）や祖父母が、成り上がり者の圭三を言葉でいびりまくるところは、新藤兼人の脚本の力だろう。

佐田啓二、村瀬幸子ら脇役も好感が持てる。圭三が「愛がほしい」と、恥ずかしげもなく言うのが、いかにも戦後の男女平等という気分を反映しているようで、いい。

心に残る名せりふ　どうして涙が出たんだ

圭三と泰子の初デートは、泰子の友人が出演しているバレエ公演。ショパンの「幻想即興曲」に合わせて踊るバレリーナたちに感動し、圭三は涙ぐむ。

泰子に涙を見られたのに気付いた圭三は「どうして涙が出たんだ。なんだか知らないけど、ほろほろ涙が出て困っちゃった」

と、休憩時間に照れ笑いしながら話す。

幼いころから貧乏で、クラシック音楽にもバレエにも触れる機会がなかった男が、繊細な感受性の持ち主であるのが分かるエピソードだ。結婚に迷ったとき、泰子はこの言葉を思い出す。

▶キネマ旬報ベスト・テン６位。毎日映画コンクールで女優演技賞受賞。DVD『〈木下恵介生誕１００年〉お嬢さん乾杯』が松竹より発売。89 分。モノクロ。

1949年▼監督＝今井正

『青い山脈』
古い上衣よさようなら

⑱

原作＝石坂洋次郎。脚本＝今井正、井手俊郎。
出演＝原節子、池部良、若山セツ子、杉葉子ほか。

1947年に発表された石坂洋次郎の小説『青い山脈』は、この今井正監督作品を皮切りに、計5回映画化されている。地方都市を舞台に、いじめや町の有力者たちのおごりに、若く理想に燃えた教師が敢然と立ち向かう。夏目漱石『坊っちゃん』に通じる世界だが、主人公が女性というのが、決定的に違っている。若い世代には信じられないことかもしれないが、わずか七十数年前、戦前の日本では、女性は選挙権を与えられていなかった。戦後民主主義の理想を高らかにうたい上げたこの映画からは、差別から解放され、権利を獲得した女性たちのエネルギーも伝わってくる。

伝統ある高等女学校に転校してきた寺沢新子（杉葉子）は、高校生の六助（池部良）と一緒に、街角で姓名判断してもらっているところを、下級生に目撃される。数日後、新子に「恋」を「変」と間違え「変しい変しい」と書くなど、誤字だらけのラブレターが届く。

新子から相談された新任の英語教師、島崎雪子（原節子）は、手紙が同級生たちのいじめと見抜き、厳しく注意する。だが、反発した生徒たちが、島崎に謝罪を要求し、騒ぎが拡大する。

戦後、大女優の道を歩んだ原の当たり役。新子と2人で海辺を歩き、靴を蹴り捨て「お行儀悪く座って」自由を説く場面が素晴らしい。いざとなれば2人で東京に行き「あなたはダンサーにでもな

※『青い山脈』
好評発売中　発売・販売元：東宝

※

ればいい」と腹の据わったところを見せ、新子と踊る名場面もある。

新子と六助、島崎と校医の沼田（龍崎一郎）、六助の友人ガンちゃん（伊豆肇）と新子の同級生和子（若山セツ子）の3組の恋愛が進行する。特筆しておきたいのは、和子役の若山のかわいさ。姉の芸者梅太郎を演じた木暮実千代の色っぽさと合わせ、好きな女優リストに入れておきたい。

西條八十作詞の主題歌の一節「古い上衣《うわぎ》よさようなら」が、全編の気分を言い尽くしている。七十数年たった今、その古い上衣がリフォームされ、最新ファッションのようにもてはやされてないだろうか。用心したい。

心に残る名せりふ

立派な名目で圧迫するな

偽のラブレターを新子に出したのは、学校の名誉を守るためだったと主張する同級生たちに、島崎先生は言う。

「学校の名誉とか、母校を愛する情熱のためとか、立派な名目で下級生や同級生を圧迫する。（戦前は）家のため、国家のためということで、個々の人格を束縛し、無理やりに一つの型にはめ込もうとした。日本人の暮らし方の中で、一番間違っていたことです」

演説的で堅い内容の長いせりふだが、戦後獲得した自由に対する、作り手たちの熱い思いが込められてくる。

▶キネマ旬報ベスト・テン２位。毎日映画コンクール女優演技賞、助演賞（木暮実千代）など受賞。177分。モノクロ。

79

1965年▼総監督＝市川崑

『東京オリンピック』

技術を駆使し夢をとらえた

脚本＝和田夏十、白坂依志夫、谷川俊太郎、市川崑。
出演＝三国一朗（ナレーター）

若い世代に、特に映像表現に関心を持つ若者たちに、ぜひ観てほしい作品がある。1964年の第18回夏季オリンピック競技大会の公式記録映画、市川崑が総監督を務めた『東京オリンピック』だ。

全種目の結果を記録するという課題を与えられながら、市川は初めから「単なる記録映画」をつくるつもりはなかった。彼が撮ろうとしたのは、「人類が4年に1度集まって平和という夢を見る。そのオリンピックの精神」そのものだった。

試写を見た政治家の批判がきっかけで、公開時には「記録か芸術か」と論争も起きた。だが、半世紀たった今観ると、市川の試みが見事に成功し、映画史に残るスポーツドキュメンタリー映画の傑作をつくりあげたことが、よく分かる。

女子バレーの東洋の魔女、マラソン銅メダルの円谷幸吉、重量挙げの三宅義信、女子体操の名花チャスラフスカ……。リアルタイムで見た名選手たちは懐かしいが、それ以上に、極限に挑む肉体の美しさや意志や感情が芸術的な表現でとらえられているのに感嘆する。そして、まるで映画の教科書のように、撮影や編集のさまざまなテクニックが随所で使われているのに驚く。

例えば、映画のハイライトであるマラソン。トップを独走するエチオピアのアベベが、ゴールの国

※『東京オリンピック【東宝DVD名作セレクション】』
好評発売中　発売・販売元：東宝

東宝

立競技場を目指す先に聖火の炎が揺れる。
実は、これはレース翌日、アベベに頼んでコースとは別の道を走ってもらって撮った映像だ。実際のコースには走者と聖火を一緒に写せる場所はなかったのだ。今なら「やらせ」と非難されるかもしれない演出だが、市川は意に介さなかった。それが、この映画を支えた思想だった。

閉会式で昭和天皇が見せる屈託ない笑顔の映像が、※戦後日本の象徴であるのは言うまでもない。警備の警察官が背伸びして開会式を見ようとしている後ろ姿や、競技を観戦する長島と王。こうした映像を通して、市川は、敗戦から19年後の日本の平和と繁栄を浮かび上がらせた。若く、希望にあふれた日本が映っていた。

心に残る名せりふ　胸を強く打つのは

マラソンで上位選手がゴールした後に、ナレーションが入る。「42キロ、2時間余を走り続けた男たちの姿である。私たちの胸を強く打つのは、このような光景である」

言葉に続いて、走り終えて倒れ込む選手や、まめが破れた足の裏が映し出される。こうした敗者にも注がれる視線が、この作品の特徴だった。

切なく美しい映像もあった。女子80メートルハードル決勝のスタート直前、依田郁子がコース台の上に置くレモンのアップだ。5位に終わった依田は、1983年に45歳で自ら命を絶った。このレモンのシーンを見ると、胸がじんとなる。

▶キネマ旬報ベスト・テン2位。カンヌ国際映画祭国際批評家賞、毎日映画コンクール音楽賞（黛敏郎）、監督特別賞、撮影特別賞などを受賞。170分。カラー。

80 1968年▼監督＝熊井啓

『黒部の太陽』

夢を信じられた時代の物語

原作＝木本正次。脚本＝井手雅人、熊井啓。
出演＝三船敏郎、石原裕次郎、辰巳柳太郎、樫山文枝ほか。

「戦後」という言葉がぴんとこないという人も増えた。そんな人たちに薦めたい映画の一本が、熊井啓監督『黒部の太陽』だ。

1956年に着工し、7年の歳月を経て完成した「黒四ダム」の大工事をテーマにしたこの作品には、敗戦後の日本の復興に全力で取り組んだ人たちが描かれている。今ほど物はあふれていないが、夢と未来を本気で信じられた時代の物語だ。

関西電力は富山県の黒部川上流に黒四ダムを建設することを決め、北川（三船敏郎）が現場責任者に任命される。最大の難関は、ダム建設現場まで資材を運び込むためのトンネルを掘る工事。北アルプスの尾根の下を掘削する途中、破砕帯にぶつかり、山崩れと出水で一時頓挫する。

工事の最前線に、熊谷組の下請け会社の親方、岩岡源三（辰巳柳太郎）が率いる一団がいた。源三と対立し京大を卒業後、建築事務所に勤めていた息子の剛（石原裕次郎）は、ある出来事がきっかけで現場に合流する。

裕次郎の石原プロモーションと、三船の三船プロダクションが協力して製作。「五社体制」と呼ばれた大手映画会社の締め付けがあったが、大スター2人の共演や、電力会社やゼネコンの協力で大がかりな工事シーンが再現されたことなどが話題になり、68年の公開時には大ヒットした。その後「大きなスクリーンで観てほしい」という裕次郎の意向もあり、長くＤＶＤ化されなかったが、２０１３年に石原プロ創立50周年を記念、初めてＤＶＤが発売された。

今観ても、破砕帯の突破に焦点を当てたスペクタクル部分は、ＣＧのない時代とは思えないほど迫力がある。戦前の「黒三」工事では、朝鮮人労働者を含む多くの人々が犠牲になった事実も描き、平和のためにという名目で「戦争にずるずる引き込まれた」ことへの反省を剛に語らせるなど、単なる企業礼賛映画には終わらせていないスタンスにも好感が持てた。

宇野重吉、寺尾聰の親子共演をはじめ豪華な脇役陣の中で、出色は辰巳。実際の工事現場の雰囲気はかくや、と思わせる演技で映画を引っ張っている。

心に残る名せりふ 本当の土木工事なんだ

岩岡剛は、父親が従事した戦前の「黒三」のトンネル工事に強い不信感を持っている。多くの犠牲者を出した工事では、剛の兄も死亡した。怒る剛に、北川が言う。

「黒三はね、あんなものは土木工事ではなかった。軍の命令と監視の下での玉砕戦でした。黒四とは本質的に違うんだ。今度の工事はね、日本の本当の土木工事なんだ」。

黒三は「過去のことで別な話」と言う北川に、剛は

「過去に犯した（過ちの）責任は今どうでもいいんですか」

と詰め寄る。結論はともあれ、この議論では、今でも重要なテーマが正面から取り上げられている。

▶キネマ旬報ベスト・テン４位。毎日映画コンクール録音賞受賞。DVD、ブルーレイがポニーキャニオンより発売。196 分。カラー。

1978年▼監督＝曽根中生

81 『博多っ子純情』思春期の感情、生き生きと

原作＝長谷川法世。脚本＝石森史郎、長谷川法世。
出演＝光石研、小池朝雄、春川ますみ、伊佐山ひろ子ほか。

もう子どもではないけれど、まだ大人ではない。曽根中生監督『博多っ子純情』は、誰もが通過する思春期の日々を、みずみずしく、かつコミカルに描いた作品だ。原作は、1976年から83年まで『週刊漫画アクション』に連載された長谷川法世作・画の長編漫画。前半の「中学生編」をほぼ忠実に映画化。原作と同様、舞台になる九州・博多の風物と博多弁が、大きな魅力になっている。「おまえ、知っとおや？　キスはどげんしてするか」「知っとうくさ、口と口ば付けるんやろ」「それだけじゃなかとばい。ベロば入れるっちゃ」

主人公の中学生、郷六平が悪友と交わす会話を聞いて、過去を思い出す男性も多いはずだ。そんな男性たちや、男子の愚かさを笑って許せるようになった大人の女性たちに、ぜひ推薦したい作品だ。

六平（光石研）は14歳。博多人形師の父、五郎（小池朝雄）と、母スミ（春川ますみ）の3人暮らし。博多祇園山笠の直前に足をくじいた五郎の代わりに、初めて山笠をかつぐことになる。仲良しは、中学校の同級生の阿佐道夫（小屋町英浩）と黒木真澄（横山司）。いつもつるんでいる3人組に、共通しているのは性への好奇心だ。成人映画を見たくて私服に着替えて映画館に行くが、窓口のおばさんにたちまち見破られてしまう。「週番日誌に書くよ」と六平を注意する、気が強くてかわいいクラ

※『博多っ子純情』
発売元：ＤＩＧレーベル（株式会社ディメンション）

※

スメート小柳類子（松本ちえこ）とのファーストキス。子どものころから憧れていた隣のお姉さんと先輩の駆け落ち。色っぽい理髪店のお姉さん（伊佐山ひろ子）との初体験未遂。さまざまな出来事を通して、六平は「一人前の男」への道を歩む。日活ロマンポルノや『嗚呼!!花の応援団』（76年）で知られる曽根監督の代表作。六平役の光石らオーディションで選んだ新人を上手に使って、誰もが懐かしく感じる青春映画に仕上げた。

下ネタを下品にしすぎず、暴力的なシーンも血なまぐさくしない。適度に抑えた演出が、青い季節を描くのにぴったりだった。

心に残る名せりふ　好いとったらキスして

2人だけのとき、小柳が突然六平に告白する。

「うち、郷君のこと、好きやけん。郷君、うちのこと好かんちゃろ」

「そげんことなか」。六平が言うと小柳はたたみかける。

「ばってん、好いとったらキスして」


困惑する六平に小柳はさらに追い打ちをかける。

「やっぱり好かんちゃろ。好きなら証明して」

こうして六平はファーストキスを体験。後に、隣のお姉さんへの思慕を小柳に吐露してしまったときは、「うちにキスまでしといてから」と浮気（?）をなじられることになる。

▶キネマ旬報ベスト・テン10位。94分。カラー。

1987年▼監督＝市川準

『BU・SU』
明るいだけが青春ではない

82

脚本＝内館牧子。
出演＝富田靖子、大楠道代、伊藤かずえ、高嶋政宏ほか。

青春はまぶしいほど明るい。通り過ぎて振り返ると、そう感じる。だが、真っただ中にいるときは、どうだっただろうか。容貌や才能などさまざまなコンプレックスに悩んだり、家族や周囲の人々とうまくいかなかったり……。そんな苦しさを、1人で抱え込んだ時期でもあったと思う。

市川準監督『BU・SU』は、心を閉ざしてしまい〝性格ブス〟になってしまった女子高生が、人々との出会いを通じて少しずつ自分を肯定していけるようになる。そんな変化を、説明的ではなく、ビビッドな映像で描いた作品だ。

森下麦子（富田靖子）は伊豆の小さな町で育った18歳。父親の死などがきっかけでひねくれ、町を出て行くことにする。

麦子が向かった先は、母（丘みつ子）の妹、胡蝶《こちょう》（大楠道代）が東京・神楽坂で営む置き屋。胡蝶から「鈴女《すずめ》」という名前をもらい、芸者見習いをしながら、東京の高校に通い始める。

3年B組のクラスには、ボクシング部のヒーロー、津田（高嶋政宏）や、いじめを受ける桜子（広岡由里子）らがいて、初めは誰ともなじめなかった麦子は、いくつかの出来事で、彼らの悩みも知るようになる。

ＣＭ演出家として活躍していた市川の映画監督デビュー作。

神社の境内にいる麦子の両脇を２人連れの小学生２組が通過し、それぞれの会話が脈絡なく聞こえてくるシーンなど、あえて映画的な整理をしないで、現実そのままを映しだそうとする手法が新鮮だった。

内舘牧子の脚本がうまい。大人の目にはささいなことでも、深く傷つく10代の感覚を、とらえていた。中盤以降は、江戸時代、恋人に会いたい一心で放火し火刑にされたという八百屋お七の話で物語を引っ張っていく。いかにもありそうな「頑張ったら報いられる」的なハッピーエンドの青春映画にしなかったのもよかった。

ヒロインの心象風景を表している髪形の変化に注目してほしい。もちろん、これは富田の映画だが、大楠のきりっとした美しさが映画を引き締めている。

心に残る名せりふ　顔を上げなきゃダメなの

「鈴女」という名で芸者見習い修業を始めた麦子だが、暗い性格は変わらない。日本舞踊のけいこで、月を見上げるところでもうつむきがちな鈴女に、叔母の胡蝶は怒って言う。

「踊りだけじゃないのよ。人間何をするにも顔を上げなきゃダメなの」

それでもはっきりした反応を見せない鈴女に、胡蝶は命じる。

「今日からおまえ、人力車の後ろ付いて走りな」

その夜から、鈴女は先輩の芸者を乗せた人力車の後ろに付いて、町を走ることになる。叔母の愛情ある荒療治の効果は？

▶キネマ旬報ベスト・テン８位。スポニチグランプリ新人賞（高嶋政宏）受賞。レンタルDVDなどで視聴可能。95分。カラー。

1989年▼監督＝阪本順治

『どついたるねん』

憎めない大阪のヒーロー

83

脚本＝阪本順治。
出演＝赤井英和、相楽晴子、原田芳雄、麿赤児ほか。

阪本順治監督のデビュー作『どついたるねん』は、〝浪速のロッキー〟と呼ばれた人気プロボクサー、赤井英和が主演したボクシング映画だ。赤井は1985年、KO負けした試合で脳出血。開頭手術で奇跡的に命を取り留めたが、現役を引退した。映画は彼の自伝的要素を盛り込みながら、再起を目指すボクサーと周囲の人々を、軽快なタッチで描く。

将来を嘱望されていたボクサーの安達英志（赤井）は、予想外の敗戦で頭に大けがをし、医師（芦屋小雁）から再起不能と宣告される。

安達は、それまで所属していたジムを飛び出し、自らジムを設立。コーチに元日本チャンピオンだった左島（原田芳雄）を雇うが、経営はうまくいかない。

結局、自分はカムバックしたいのだと気付いた安達はジムを閉め、元のジムの会長（麿赤児）と会長の娘、貴子（相楽晴子）に頭を下げて、トレーニングを再開する……。

「とにかく、一発どつかれたら、どついて、どついて、どつき返すのがプロや」。ともに大阪出身の阪本、赤井コンビが、漫画『じゃりン子チエ』の父親テツに通じる、乱暴だが憎めないところがあるユニークな大阪のヒーローを生み出した。

見どころの一つは、赤井の鍛え上げた肉体とボクシングの場面。再起試合の相手、清田に扮《ふん》した大和武士は、日本チャンピオンになったこともある当時はばりばりの現役ボクサーで、2人が戦う試合の映像は、当然だが本物の迫力がある。

脇を固める俳優たちも映画初主役の赤井を支えている。原田は元ボクサーにふさわしい肉体と動きを作り上げ、磨は持ち味の異様さを封印して貧乏ジムの人情味ある会長になりきった。

通天閣、飛田新地、ホルモン料理、飲み屋の客が合唱する「釜ケ崎人情」、西成暴動の記憶。〃浪速のロッキー〃を育てた背景も、重くなりすぎずに、きちんと描かれている。ボクシング映画としても、大阪を舞台にした映画としても、ぜひ大好きな作品のリストに入れておきたい一本だ。

心に残る名せりふ なんか小さなったなあ

新設のボクシングジムに入った練習生たちは、安達の横柄な態度に反発し一斉にやめてしまう。自暴自棄になり居酒屋で1人酔っぱらった安達は、たるんだ自分の腹をつまみ、たばこを吸おうとして、ふと自分のこぶしを見つめる。

「なんか小さなったなあ」

翌日、ジムを訪れた安達は、コーチの左島にこぶしを見せてもらう。骨折の痕がある彼の手を見て、安達は

「それでもボクサーの手や」

と言う。そして、引き締まった左島の腹を見て、安達の心が動く。ボクサーとして再起するのだ、と。

▶キネマ旬報ベスト・テン2位。毎日映画コンクールで日本映画優秀賞、男優助演賞（原田芳雄）、女優助演賞（相楽晴子）、スポニチグランプリ新人賞（阪本順治、赤井英和）。現在DVDの発売なし。110分。カラー。

1998年▼監督＝磯村一路

84 『がんばっていきまっしょい』

一度だけの青春、爽やかに

原作＝敷村良子。脚本＝磯村一路。
出演＝田中麗奈、真野きりな、清水真実、中嶋朋子ほか。

「爽やかな青春映画」というのは、無数にありそうに思える。でも、年月を経ても、最初に観た時と同じような感動を与えてくれる作品は、そんなにたくさんあるわけではない。

磯村一路監督『がんばっていきまっしょい』は、そうした上質な青春映画の一本だ。

１９７６年春、松山市の高校に入学した篠村悦子（田中麗奈）は、女子ボート部を創部し、４人の1年生を勧誘する。運動部の経験すらない5人は、ボートを艇庫から海に運ぶのも、男子部員に頼るありさまだが、何とか練習を続け、夏合宿の後、目標だった県の新人戦に出場する。

結果はもちろん「ドベ」（最下位）。だが、このとき味わった悔しさが5人の心に火を付ける。何やら訳ありで東京から故郷に戻ってきた、日本選手権優勝経験者の入江晶子（中嶋朋子）をコーチに迎え、ドベ脱出に向け厳しい練習に励む。

勝ち気で、同性から好かれる悦子を演じた田中はじめ、女子ボート部員たちの、本当にこんな高校生がいそうだな、と感じさせる自然さ、初々しさがいい。

必要以上のせりふを言わせず、個々人の家庭環境などに深入りをしない演出にも好感が持てる。最近の映画やテレビドラマでは、登場人物の心の動きまで、すべてせりふにしてしまうものもあるが、

人間の感情はそんなふうに言葉で説明しきれるものではない。言葉に頼らず、表情やしぐさ、肉体を通して、少女らの一度しかない青春をみずみずしく描いたのが、映画の最大の魅力だと思う。

「がんばっていきまっしょい」は、原作者の母校、松山東高校で、気合を入れるために実際に使われている掛け声だという。学校や商店街はじめ地元と一体になった映画作りが、作品に一層リアリティを与えている。

悦子と、幼なじみの男子ボート部員、関野（松尾政寿）とが、お互いを異性として意識し始める描写もほほえましい。主題歌「オギヨディオラ」を歌うリーチェの透明な歌声を聴きながら、高校生のころはあんなに純真だったかなあ、と遠い記憶をたどるのも楽しい。

心に残る名せりふ

つくったらええんじゃ

ボートの練習風景を見て憧れていた悦子は、高校入学後、ボート部のキャプテンの「練習は美しい海岸でやり、アンティークなクラブハウスもある」という勧誘を聞き、直ちに入部を決意する。いったんは、女子部はないと断られるが、その夜、自宅で風呂に入っている時に、ひらめく。

「そうか、ないんじゃったら、つくったらええんか。つくったらええんじゃ」

翌日、悦子は職員室にボート部の顧問を訪ね、直談判する。自ら「強情」という悦子の積極的な性格と行動力がよく出ている。

▶キネマ旬報ベスト・テン3位。毎日映画コンクールで日本映画優秀賞、録音賞、スポニチグランプリ新人賞（田中麗奈）受賞。現在 DVD の販売はなし。120 分。カラー。

1951年▼監督＝成瀬巳喜男

『めし』
妻の心にさざ波が立つ

85

原作＝林芙美子。脚本＝田中澄江、井手俊郎。
出演＝上原謙、原節子、島崎雪子、杉村春子ほか。

近年の日本映画の話題作には、登場人物の暗い過去や病気などの重い事態が、ドラマの推進力になっているものがある。成瀬巳喜男監督『めし』には、そうしたドラマチックな出来事はまったくない。結婚5年目の夫婦の気持ちがすれ違い、妻の心にさざ波が立つ。ただ、それだけの話だ。だが、60年以上たった今観ても面白いのは、登場人物たちが本当にいたかのように、そして同時に、現在もどこかで暮らしているかのように、リアルに感じられるからだ。大げさな仕掛けを作らなくても、心を動かすドラマがつくれることを、この映画が証明している。

岡本初之輔（上原謙）と三千代（原節子）は、大阪の下町でつましい暮らしをしている。恋愛結婚した2人だが、結婚5年目となり倦怠《けんたい》期を迎えている。そこに初之輔のめいの里子（島崎雪子）が東京から転がり込んできて、奔放な振る舞いや言葉で心をかき乱す。三千代は離婚も考えつつ、横浜・矢向の実家に戻るのだが……。

監督を予定されていた千葉泰樹の急病でピンチヒッターを務めた成瀬にとって、大きな転機となる作品になった。貧しい少年時代を送った成瀬に、原作者、林芙美子の小説が描いた世界は人ごとではなかった。初めての顔合わせだった原に、「めし」としか言わない夫に幻滅し、慣れない土地での生

※『めし』
好評発売中　発売・販売元：東宝

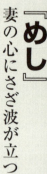

※

活に疲れきった妻を演じさせた。若いめいに嫉妬し、夫にすね、実家の母（杉村春子）に甘える。小津安二郎作品などの〝聖女〟的なイメージとは異なる新たな顔を、原から引き出すのに成功した。

「あなたって、何を聞いても落ち着いてらっしゃる方ね」と夫をとがめる場面では、ほかの作品では見せたことがないような色っぽさもあった。

『めし』は大ヒットし、成瀬はその後、原主演で『山の音』（1954年）『驟雨《しゅうう》』（56年）、林原作で『稲妻』（192頁、52年）『晩菊』（54年）『浮雲』（55年）『放浪記』（62年）など、傑作を次々に撮る。懸命に生きる庶民の哀歓や、普通の女たちの感情を、寄り添うように描き続けた作品は、今も色あせることなく輝き続けている。

心に残る名せりふ

わあ、よれよれのネクタイ

初之輔と三千代夫婦は、転がり込んだ里子を大阪見物に連れていくことにする。その当日、里子は、家事に追われている三千代を手伝うこともなく、自分の化粧の具合を初之輔に甘えて尋ね、彼の衣装を見て言う。

「わあ、ずいぶん、よれよれのネクタイ。もっといいのないの？」

妻が腹を立てるのは当たり前だ。準備をせかす初之輔に、三千代は

「あたし、よしますわ」と同行を断る。後日、三千代が新しいネクタイを品定めする場面もあり、エピソードが効果的に使われている。

▶キネマ旬報ベスト・テン2位。毎日映画コンクールで日本映画大賞、監督賞、女優演技賞、撮影賞などを受賞。97分。モノクロ。

『裸の島』

労働と生の原点描く映像詩

脚本＝新藤兼人。
出演＝乙羽信子、殿山泰司、田中伸二、堀本正紀ほか。

何千本もの映画を観てきたが、本当に独創的だと感じる作品は、それほどあるわけではない。新藤兼人監督『裸の島』は、その数少ない一本だ。せりふが一切ないこの作品を初めて観たとき、驚きと同時に、優れた芸術に出合った幸福感に心が満たされた。それは、半世紀以上たった今、再見しても変わらない。実験精神にあふれた、映画史に残る傑作だ。

瀬戸内海の小さな島。電気も水道もない島には、夫婦（殿山泰司、乙羽信子）と小学生の長男、未就学の次男の一家4人だけが住んでいる。

夫婦の日課は、小舟で近くの島に行き、水をくみ、島に運んでくることだ。おけに入れた水をてんびん棒の両端につるし、坂道を上がる。島のてっぺんにある段々畑に着くと、乾いた土に水を注ぐ。だが、あっという間に水は吸い込まれる……。

映画は、単調な労働の繰り返しと、一家の日々の営みを淡々と映し出す。朝もやのかかった海、夜明けの空、水を運ぶ夫婦の汗。光と風の中で、人が働き、生きていく姿が、モノクロの美しい映像で描かれる。ゆったりと心の奥深くに届いてくるような、林光作曲のテーマ音楽も素晴らしい。

製作当時、新藤が10年前に設立した独立プロ、近代映画協会は財政的に追い詰められていた。

「どうせつぶれるなら、映画とは映像をもって極めるべし、という自分の理想を実現しよう」新藤の決断が、せりふのない映像詩として結実した。そして、この作品が1961年のモスクワ国際映画祭でグランプリを受賞したことで、経営危機を脱出することができた。もし『裸の島』が成功していなければ、その後の新藤の活動もなかったかもしれない。それほど大きな意味を持つ作品だった。

ロケ地は、広島県三原市の沖合の孤島、宿禰島《すくね》。スタッフ13人、プロの俳優は乙羽と殿山だけ。撮影隊は、近くの佐木島に合宿した。

舟をこぐシーンも、水を運ぶシーンも「芝居ではなく事実を記録するように」撮り、乙羽は肩の皮が3回もむけ、肝硬変だった殿山は、酒抜きの生活で健康を回復したという。

「映画の中の乾いた土というのは、人間の乾いた心なんです」

2010年、98歳の監督にインタビューしたときの言葉だ。

そうなのだ。人は心に水を注ぎ続けなければならない。でないと、すぐに乾いてしまうから。

心に残る名せりふ　ほうら、ほうら。あはは

せりふがない作品で、登場人物の声が聞こえる場面がわずかにある。子どもたちが海でタイを釣り上げ、両親に見せる。見事なタイを見て喜んだ父親が、息子を抱き上げ「ほうら、ほうら」と言いながら、ふざけて海に放り込む。「わあ」と子どもが叫び、母親が「あはは」と笑う。

全編を通じ、家族の声が聞こえるのは、ほかでは、長男を急病で亡くしたときの母親のおえつと、埋葬後の号泣だけだ。

笑い声と泣き声は、喜びと悲しみを表す「心の言葉」だ。それが、強烈に伝わってくる。

▶キネマ旬報ベスト・テン6位。モスクワ国際映画祭グランプリなど受賞。95分。モノクロ。

1969年▼監督＝篠田正浩

87 『心中天網島』

篠田、岩下コンビの名作

原作＝近松門左衛門。脚本＝富岡多恵子、武満徹、篠田正浩。
出演＝岩下志麻、中村吉右衛門、小松方正、滝田裕介ほか。

歌舞伎や浄瑠璃に「心中物」というジャンルがある。現世では結ばれないと絶望した男女が、死への道を歩む。いかに2人が追い詰められるか。その結果、悲惨な結末をいかにカタルシスに転化できるか。そこが作者の腕の見せどころだ。

篠田正浩監督『心中天網島《てんのあみじま》』は、「心中物」の古典である近松門左衛門の人形浄瑠璃を原作に、独創的なアイデアと、映画ならではの技法を駆使し、新たな芸術作品にまで高めた傑作だ。

享保年間（18世紀前半）、大坂・天満の商人、紙屋治兵衛（中村吉右衛門）は、妻子があるのに、曽根崎新地の遊女小春（岩下志麻）と深い仲になる。だが「夫が死ぬ」と心配した治兵衛の妻おさん（岩下・一人二役）から手紙をもらった小春は、心変わりしたと治兵衛をあざむく。

治兵衛はいったん、小春をあきらめるが、成り金の太兵衛（小松方正）が小春を身請けしようとし、自分のことをばかにしていると知り、悔し涙にくれる。話を聞いたおさんは、小春は死ぬつもりだ、と気付く……。

岩下の二役が素晴らしい。あでやかでエロチックで薄幸な小春。いとこである治兵衛と結婚し、しっかりと家を守ってきたおさん。その対比を鮮やかに演じきっている。

※『心中天網島』
好評発売中　発売・販売元：東宝

※

小春とおさんを動かしているのは、「女の義理」だ。「俺は何ちゅう罰当たりなやつや。天の罰当たらんでも、女房の罰が当たるわい」と泣き叫びながら、結局は破滅への道に流されていく治兵衛の情けなさに比べ、女たちの決断は何とりりしいことだろう。

1967年に岩下と結婚した篠田監督が、妻とともに設立した独立プロ「表現社」の製作。詩人の富岡多恵子、作曲家の武満徹、グラフィックデザイナーの粟津潔、書家の篠田桃紅らが結集し、美しく前衛的な映画をつくりあげた。

映画の中に歌舞伎に出てくる黒子《くろご》を登場させ、重要な役割を担わせたのも成功している。日本の独立プロが生み出した、映画史に残る記念碑的な作品だ。

心に残る名せりふ　死にとうない

治兵衛と小春は、示し合わせて死に場所に向かう。だが、町の外れで、互いの気持ちを確認し、治兵衛が「わしは死にとうない。なんでかわいいおまえと死なんならん」と言うと、小春も抑えてきた感情を爆発させる。

「治兵衛さん、私も死にとうない、死にとうない。一緒になりたいだけや」

そして、2人は抱き合う。もちろん、本当は一緒に生きて幸福になりたいのだ。

「今度生まれるときには、女郎には生まれとうない」

小春の最期の願いが悲しい。

▶キネマ旬報ベスト・テン1位。毎日映画コンクールで日本映画大賞、女優主演賞、音楽賞を受賞。103分。モノクロ。

1985年▼監督＝森田芳光

88

『それから』漱石はこんなに面白い

原作＝夏目漱石。脚本＝筒井ともみ。
出演＝松田優作、藤谷美和子、小林薫、笠智衆ほか。

森田芳光監督『それから』は、1909年に発表された夏目漱石の原作に、76年の時を経て、新たな命を吹き込んだ見事な作品だ。

原作を、青春時代に読んだときは、良さが分からなかった。『坊っちゃん』や、「ストレイシープ」（迷える羊）という言葉が心に残った『三四郎』などに比べ辛気くさい小説だな、と感想を述べて、周囲の漱石愛読者から軽蔑されていた。だからこの映画を観て驚いた。才気走って変化させた訳ではなく、原作を忠実に映像化した正統的な作品なのに、「明治時代の話」という古びた感じはまったくしない。こんなに純粋な恋愛物語だったのか。漱石ってこんなに面白い小説を書いていたのか。遅すぎて恥ずかしいが、この作品でそれが分かった。

長井代助（松田優作）は、30歳になっても定職に就かず、実家の経済的援助を受けて気ままな思索生活を送っている。ある日、中学時代以来の親友で、銀行の地方支店で働いていた平岡（小林薫）が、部下のトラブルに巻き込まれ、退職して東京に戻ってくる。代助は、平岡とその妻三千代（藤谷美和子）に再会し、平岡の変貌と、夫婦仲が冷え切っているのに気付く。かつては友情と義侠心《ぎきょうしん》から、思いを寄せていた三千代を平岡に譲った代助は、金策に訪れた彼女と会ううち、自分の中に愛情が生き

※それから
DVD 発売中　2,800 円（税込 3,024 円）　東映ビデオ

続けているのを知る。

一方、実業家の父、得（笠智衆）や兄の誠吾（中村嘉葎雄）と妻（草笛光子）は、代助の政略結婚を進めようとする。三千代への、純粋だが道ならぬ愛を選ぶのが自然なのか。彼は悩む。

キャスティングが素晴らしい。松田はアクションスターと思われがちだが、実は深作欣二監督『華の乱』（88年）の有島武郎役と同じように、インテリ※を演じたときに独特の清潔感を発揮する。藤谷の、どこかもろさやはかなさを感じさせる風情、小林の嫌みな感じを強調した演技もいい。

電車や百合の花など心に残る映像と、梅林茂の音楽が映画に格調を与えている。

心に残る名せりふ

寂しくっていけないから

三千代への思いをつのらせる代助は、ある日、平岡の家を訪れる。夫の平岡は留守で、代助を招き入れた三千代は、自分の抱える問題などを話した後、「あなたはうらやましいのね」「なんだって、まだ奥さんをおもらいなさらないの」と言う。

代助は答えず、2人の間に沈黙の時が流れる。ラムネをビンからそのまま飲んだ三千代が、こらえきれなくなったように言う。

「寂しくっていけないから、また来てちょうだい」

その言葉で、それまで踏みとどまっていた代助の心のブレーキが外れる。

▶キネマ旬報ベスト・テン１位。毎日映画コンクールで日本映画優秀賞、撮影賞、美術賞、音楽賞受賞。130 分。カラー。

1990年▼監督＝小栗康平

㊾『死の棘』

夫婦の過激な愛の物語

原作＝島尾敏雄。脚本＝小栗康平。
出演＝松坂慶子、岸部一徳、木内みどり、山内明ほか。

浮気を知った妻は不実をなじり、夫がどんなに謝罪しても許さない。そして、次第に精神のバランスを崩していく。

小栗康平監督『死の棘《とげ》』のあらすじを聞いただけで、怖いと思う人もいるだろう。自分もそうだった。島尾敏雄の同名の原作小説は、ぱらぱらとめくっただけで本棚にしまい込んだし、映画にも、なるべくまともに向き合わないようにしてきた。だが、小栗作品を1本ずつ収めたDVDブックの刊行が始まったのを機に、勇気を奮って見直してみた。そして、決して避けるような内容ではないのがよく分かった。これは純粋で過激な恋愛映画なのだ。

トシオ（岸部一徳）は第2次大戦の末期、特攻隊長として赴任した奄美の島で、島の娘ミホ（松坂慶子）と出会って恋をした。戦後トシオは作家になり、結婚したミホとの間には男女2人の子どもが生まれた。だが、結婚10年目、トシオが文学仲間の邦子（木内みどり）と男女関係を続けていたのが発覚し、平穏な日常は終わる。

「あたしはあなたのなんなの？」。妻の叱責《しっせき》と尋問に対し、夫はひたすらわびるしかない。針のむしろに耐えられなくなった夫が「自分が死ぬ」と爆発したときだけは、妻は母親のように優しくなるが、しばらくたつと、また責め苦が始まる。

1954年の東京を再現したセットの中で、夫婦のもつれ合いが延々と描かれる。転居やミホの入院という出来事の間に、2人が出会った南の島の美しい風景や過去の記憶が挿入される。

文字通り、体当たりでこの難役に挑戦した松坂、「とことん苦しみ抜いて演じた」と監督が絶賛する岸部、2人の演技は見応えがある。『泥の河』（81年）の監督らしく、子役2人の見せ方もうまい。

夫婦には、2人にしか分からない世界がある。トシオとミホにとっては、これが彼らの愛とコミュニケーションのかたちだったようにも思える。

本当に「あたしはなんなの？」と叫びたかったのは、2人の世界からはね飛ばされた邦子なのではないだろうか。ふと、そう思った。

心に残る名せりふ

お母さんは始まらなかった

父と子どもたちは、母の怒りの発作が始まるのを恐れ、朝、目を覚ましても、布団の中で様子をうかがっている。発作が起きると、ミホは故郷でグドゥマと呼ぶ貝のようになってしまうのだ。

目覚めたミホが「…求めて与えられぬ悲しみ」とつぶやき「あたしはグドゥマにはならないんだから」と独り言を言うのを聞いて、トシオが跳び起きる。「よかった、よかった、お母さんは始まらなかった」。子どもたちも「わーい」と喜ぶ。

ミホの発作が始まらない朝、つかの間の平穏が一家に訪れる。

▶キネマ旬報ベスト・テン3位。カンヌ国際映画祭審査員大賞、国際批評家連盟賞受賞。毎日映画コンクールで日本映画優秀賞、女優主演賞、録音賞受賞。DVD ブック「小栗康平コレクション 3『死の棘』」が駒草出版から発売。114 分。カラー。

1994年▼監督＝原一男

⑨⓪

『全身小説家』

生と死の深淵をのぞく

出演＝井上光晴、埴谷雄高、瀬戸内寂聴、文学伝習所の人々ほか。

『全身小説家』は、『ゆきゆきて、神軍』（1987年）の原一男監督が、作家、井上光晴の晩年に密着して撮った映画だ。『虚構のクレーン』『地の群れ』（74頁）など、戦後社会の差別や矛盾を告発する小説で知られる井上は、89年夏に結腸がんを手術。その後も、がんと闘いながら執筆活動を続けたが、92年5月30日、66歳で死去した。

映画は89年暮れ、井上が、草の根からの文学活動を追求し各地で開いていた「文学伝習所」の講座で、熱弁を振るうところから始まる。そして、井上に魅了された伝習生の女性たちのインタビューが収められている。「あんたは耳がきれいだと言われ、生命を吹き込まれた」と語る80代の女性。「永遠に心の中の夫ですね」「全身で井上さんに恋をしていた」と語る女性たちもいる。生々しすぎるほどの愛の告白が続く。

こうした性愛への視点をベースにしながら、肝臓に転移したがんの手術のリアルな映像など病の進行を記録し、さらに井上自身が記述している経歴の虚構を暴いていくことで、映画は進んでいく。過去に恋愛関係にあった作家、瀬戸内寂聴や、よき理解者である作家、埴谷雄高の友情にあふれた言葉、すべてを引き受けて夫に寄りそう妻のほほえみと沈黙が、心に残る。

※『全身小説家』
発売元：ＤＩＧレーベル（株式会社ディメンション）

※

井上の少年時代を虚構含みでドラマ化した映像を、実写に加えた「ドキュメンタリードラマ」。知らず知らずのうちに、生と死の深淵《しんえん》をのぞきこまされたような気になる。それは、きっと、外見的には明るく病に立ち向かう井上が見つめていた暗闇を、映画がきちんととらえているせいだ。小説を読んでいない観客にも、彼がたぐいまれな言葉の力を持つ優れた作家であるのが、たやすく分かるはずだ。

ところで、生い立ちや経歴が、うそだったとしても、それが何だというのだろう。埴谷が言うように「作家とは自由にうそがつける仕事」なのだ。井上は、全身で虚構の物語を書き続けた。そして、その虚構の中の真実を、映画はとらえようとした。撮る者と撮られる者との緊張感が伝わってくる作品だ。

心に残る名せりふ　人生の中のダイヤモンド

埴谷雄高によると、井上光晴は女性に対して「3割バッター。10人くどいて3人なんですよ」。ただし女性であれば「選択しない」で、全員にアタックするのが特徴という。

映画の中で登場する女性たちの言葉で、胸に響くのは、作家になる以前、日本共産党の活動家だった井上と「行動を共にしていた」という女性。

井上が語り、記述している活動歴などが「すぐばれるうそ」であることなどを指摘するが、最後に「井上さんのことは、私の人生の中でダイヤモンドの部分」

と青春を振り返る。いい場面だ。

▶キネマ旬報ベスト・テン1位。毎日映画コンクールで日本映画大賞受賞。157分。カラー。

『三文役者』
名脇役の愛すべき人生

原作＝新藤兼人。脚本＝新藤兼人。
出演＝竹中直人、荻野目慶子、吉田日出子、乙羽信子ほか。

新藤兼人監督『三文役者』は、名脇役として活躍した俳優、殿山泰司の「ジグザグとけんめいに生きた(注)」人生を、事実に即しつつ、愛情を込めてコミカルに描いた映画だ。

新藤が立ち上げた独立プロ・近代映画協会の設立メンバーの一人だった殿山は、新藤にとって生涯の同志、親友だった。自らを「三文役者」と呼んだ殿山の演技にかける情熱と、殿山の死後、遺骨を2等分した2人の女性たちとの愛を描いた作品からは、男同士の共感と友情が伝わってくる。

1950年ごろ、30代半ばだったタイちゃん（竹中直人）は、撮影のため滞在していた京都で、17歳の少女キミエ（荻野目慶子）に恋をする。キミエと結婚するため、鎌倉に住む内縁の妻アサ子（吉田日出子）の元に別れ話に行った彼は、怒ったアサ子に婚姻届を出させられてしまう。「〝どうも、どうも〟のタイちゃん」と呼ばれる優柔不断な性格が、肝心なときに出てしまうのだ。酒の失敗も数知れない。飲み過ぎで肝硬変になったときには、死ぬ気で出演した新藤作品『裸の島』（180頁、60年）のロケ先が酒屋のない島だったため、禁酒に成功して回復する。だが、禁酒は続かず、その後も泥酔して女性と過ちを犯しては、キミエを泣かせ、怒らせる……。

竹中が熱演。公開時は、殿山本人に対する記憶が鮮明だったため、やり過ぎのように感じられた演

技が、年月を経ると素直に楽しめる。荻野目も好演。かわいい少女時代、その後の体を張った演技、どちらも印象的だった。驚くのは、公開の6年前に死去した新藤の公私にわたるパートナー、乙羽信子が出演していることだ。いずれこの映画を撮るために、と準備していた映像が効果的に使われている。新藤の映画作りに懸ける執念がここにある。

殿山は、89年に73歳で死去するまで、約300本の映画に出演した。「脇役いうんは、その他大勢とは違いますがな。脇役がおらんかったら、主演俳優は何もできまへんのや」。映画の中のタイちゃんのたんかだ。

こんな魅力的な人たちが、日本映画の黄金期を支えていたのだ。

心に残る名せりふ

キミエ、向上心や！

意志が弱く、酒と女で失敗を繰り返すタイちゃんは、そのたびにキミエから叱り飛ばされる。

「あんたには、向上心ちゅうものがないんか」

晩年、仕事が少なくなったタイちゃんに、ある日、今村昌平ら3監督から出演依頼の電話が立て続けにかかってくる。喜んだタイちゃんは叫ぶ。

「キミエ、向上心や！　盆と正月が一緒に来たで」

そのときタイちゃんは既に重い病にむしばまれていたが、3本の映画の演技はやり遂げる。

「タイちゃん、あんた向上心ぎょうさん持ってたで」

乙羽信子が、エールを送る。

▶キネマ旬報ベスト・テン6位。現在 DVD の発売はなし。126 分。カラー。
（注：新藤兼人著『三文役者の死』岩波現代文庫）

『稲妻』

庶民の暮らしと哀歓を描く

原作＝林芙美子。脚本＝田中澄江。
出演＝高峰秀子、三浦光子、浦辺粂子、根上淳ほか。

成瀬巳喜男監督『稲妻』は、戦後間もない東京の下町を舞台に、前向きに生きていこうとする若い女性と、彼女を取り巻く人間模様を描く。

上映時間はわずか1時間半足らずだが、見終わったときは、何人もの人々に出会い、その哀歓を共有したような充実感が残る。原作者の林芙美子が意図した「市井のありふれた生活の交響楽みたいなもの」(注)が、見事に映像化されている。

バスガイドとして働く清子（高峰秀子）に、姉の縫子（村田知英子）が縁談を持ち込んでくる。相手の綱吉（小沢栄太郎）は一回りも年上だが、やり手で、姉夫婦は縁談をまとめて彼を利用しようという腹がある。

嫌がる清子に、母のおせい（浦辺粂子）は「男1人に女2、3人（の比率）だってさ」と、結婚の機会を逃さないように勧める。適齢期の男性がそれだけ数多く戦死していたのだ。

清子は、長女縫子と長男嘉助（丸山修）、次女の光子（三浦光子）の4人きょうだいの三女。4人とも父親が違うという複雑な家庭だ。洋品店を営んでいた光子の夫が急死したことから、色と欲がらみのごたごたが始まる。

1936年に発表された原作小説を田中澄江が脚色、戦後の話にうまく移しかえている。「どう思ったってしょうがないじゃないの、そうなっちゃったんだから」と、流されて生きていく母親。欲の皮が突っ張った長女。気が弱く結局男に頼ってしまう次女。まとわりつく血縁関係を嫌い、1人で部屋を借りて出て行く清子は、戦後の新しい女性を象徴しているようにも見える。

だが、この映画の良さは、古い世界を突き放さないことだ。清子は結局、あるがままの母親を受け入れ、和解する。そして、その上で、前に進んでいこうとする。原作にない、ルビーの指輪のエピソードが泣かせる。清子を演じた高峰は『秀子の車掌さん』(41年)から『ひき逃げ』(66年)まで、17本もの成瀬作品に出演している。『稲妻』は『浮雲』(55年)などに並ぶ、この名コンビの代表作と言えるだろう。

どぶ泥のような清子の世界と対照的な、根上淳、香川京子が演じる兄妹も印象に残る。それにしても綱吉、嘉助はじめ、男たちの情けなさ。これが、成瀬作品にひかれる理由でもある。

心に残る名せりふ　つまんないな、女って

「数えなら23」になる三女、清子は、母親に縁談を勧められ、次女の光子に愚痴る。「お母さんやお姉ちゃんを見てると、結婚なんてわざわざ女が不幸になるみたい」

実は清子は、光子の夫が浮気している現場を、見てしまったのだ。だが、そのことを知らない姉は、長年暮らすうちに夫に情が移ってきたと話す。それを聞いた清子は、あきれたように言う。

「つまんないな、女って」

林芙美子の小説には、そのままの言葉はないが、原作で描かれた勝ち気な清子のイメージとも、ぴったり重なるせりふだ。

▶キネマ旬報ベスト・テン2位。毎日映画コンクールで女優助演賞(中北千枝子)、音楽賞受賞。DVDがKADOKAWAより発売中。87分。モノクロ。
(注:昭和21年、飛鳥書店『稲妻』所収の『稲妻に就いてのノート』より)

1955年▼監督＝久松静児

『警察日記』
庶民の日常、涙と笑いで

93

脚本＝井手俊郎。
出演＝森繁久彌、三島雅夫、二木てるみ、三國連太郎ほか。

久松静児監督『警察日記』は、東北の小さな町の警察署を舞台に繰り広げられる、涙と笑いの人情ドラマだ。

決して長い映画ではないのに、いくつものエピソードが盛り込まれ、多くの印象的な人物が登場する。そして、それを演じる俳優たちの、何と個性的でにぎやかなこと！

まさに1950年代の日本映画黄金期ならではの、人間喜劇の傑作だ。

猪苗代湖近くの架空の町、横宮町。警察には、さまざまなトラブルが持ち込まれる。

ある日、吉井巡査（森繁久彌）が署に連れてきたのは、列車内に置き去りにされた少女ユキ子（二木てるみ）と赤ん坊、身売り寸前で保護した娘アヤ（岩崎加根子）の3人だ。

吉井は赤ん坊を旅館のおかみ（沢村貞子）に預け、ユキ子を自宅に引き取り、自分の5人の子どもたちと一緒に面倒を見る。アヤは、吉井の後輩の花川巡査（三國連太郎）が自宅に送り届ける。一家の窮状を救うため、自ら苦労を引き受けようとするアヤに、花川は淡い恋心を抱く。

柱になるこの二つのエピソードだけでも、十分見応えがある。いじらしくかわいい二木の演技は天才子役の名にふさわしいし、初々しい若い巡査を演じる三國も明るく輝いている。主役の森繁はむしろ控えめな演技で、それがひょうひょうとした味になっている。ユキ子と赤ん坊を捨てた母親（坪内美子）の事情を聞いて同情し、署のジープに母親を乗せ、さりげなく姉弟を見せてやる。この人情場面がとてもいい。

５人の息子が戦死し、カラスを見ても「空襲警報」と叫ぶ元校長（東野英治郎）、小さな権力を自慢し、酔って威張りちらす官吏（多々良純）、好人物だが町のボスたちには逆らえない警察署長（三島雅夫）など、重厚な脇役陣が、映画にリアリティを与えている。

久松監督は、戦前戦後を通じプログラムピクチャーを作り続け、『警察日記』の大ヒットで確固とした評価を得た。映画評論家の佐藤忠男さんは、作品の特色を、「すべての登場人物が〈庶民性〉という最大公約数で要約され、そこに長所も短所もある」と指摘している。

他の作品にカンヌ国際映画祭出品の『女の暦』（54年）や喜劇駅前シリーズなど。香川京子主演の『早乙女家の娘たち』（62年）もお薦めだ。

心に残る名せりふ　明日のことなんか

身売り寸前で警察に保護され、自宅に連れ戻されたアヤは、不法な仕事のあっせんをなりわいとしているおばさん（杉村春子）に再び頼んで、故郷を出ていこうとする。当座の一時金が、一家に必要だったからだ。

それを見つけた花川巡査は、将来を考えて思いとどまるように説得する。だが、アヤは言い返す。

「明日のことなんか、考えられねえです」

「百姓の暮らしなんて、どうせむちゃくちゃだ。警察なんて（それが）分からねえ」

巡査は沈黙するしかない。

▶キネマ旬報ベスト・テン６位。毎日映画コンクールで男優主演賞受賞。DVD が日活より発売（販売元はハピネット）。111 分。モノクロ。

1960年▼監督＝市川崑

94

『おとうと』

家族って何だろう

原作＝幸田文。脚本＝水木洋子。
出演＝岸恵子、川口浩、田中絹代、森雅之ほか。

優れた文学から優れた映画が生まれる。市川崑監督『おとうと』は、そうした幸福な成功例の一つだ。できれば、幸田文の同名の原作小説を映画と併せて読んでほしい。映画にするとき、どんな工夫がなされたか。それがよく分かるはずだ。

大正時代、東京・向島。女学生、げん（岸恵子）の一家は、高名な作家の父（森雅之）、後妻でキリスト教徒の母（田中絹代）、げんの三つ年下の弟、碧郎《へきろう》（川口浩）の4人暮らしだ。

父親は原稿書きに没頭しているが、家計は苦しく、夫婦仲は冷え切っている。姉弟と血がつながっていない母親は、リウマチで手足が不自由なため、げんが家事を担当している。碧郎は、中学校で起きたある事件がきっかけで、不良仲間と付き合うようになり、それを案じるげんにも、さまざまな出来事が起きる。そして、ある日、碧郎の結核が発見される。そのころは結核は「不治の病」とされており、診断は、死の宣告と同義だった。

幸田文は、小説『五重塔』などで知られる明治の文豪、幸田露伴の次女。22歳のとき、実際に弟を結核で亡くしており、そうした自伝的要素が作品に盛り込まれている。

それにしても、家族って何だろう。ときには、荒波から守ってくれる港にもなるが、あるときは息が詰まりそうな重苦しいものにもなる。逃げ場のない子どもたちにとっては、特にそうだ。「不和な両親を戴《いただ》いていることは、子供たちにとって随分な負担である」（原作小説より）。その負担に耐えかね、反抗していく碧郎は、まるで自滅するように早すぎる死を迎える。そんな彼の唯一の理解者であった姉の、愛情と哀惜が全編を貫いている。

勝ち気で美しい姉を熱演した岸は、この作品が初の市川映画。監督に「ギスギスにやせてくれ」と注文され、苦労したという。川口も多感で甘えん坊の弟役にぴったりな個性をよく発揮している。

名カメラマン宮川一夫は、大正時代の雰囲気を出すために、フィルムの発色部分の銀を残す独特の技法「銀残し」を、この作品で生み出した。カラーでありながら、白黒のような印象を与える美しい映像が４Ｋ修復のブルーレイで楽しめる。

心に残る名せりふ　うっすらと悲しいなあ

碧郎《へきろう》が乗馬中に事故を起こし、げんが後始末に駆けつける。騒ぎが一段落した後、２人は夕暮れの土手で一休みする。

「あっ一番星」。

げんが言うと、碧郎は

「うっすらと悲しいなあ」

とつぶやく。

「俺、そのうっすらと悲しいのがやりきれないんだ。ひどい悲しさのほうがまだいいや」

せき込む碧郎に、げんは

「風邪ひくわよ」と注意し

「うちは寂しいな」と返す。

碧郎は、その言葉には何も答えず、友達との約束があると言って、立ち去る。

青春の悲しみや孤独感を、姉弟が分かち合った一瞬が描き出されている。

▶キネマ旬報ベスト・テン１位。毎日映画コンクールで日本映画大賞、監督賞、女優主演賞、撮影賞（宮川一夫）など各賞を受賞。「４Ｋ Master ブルーレイ」が KADOKAWA より発売。98 分。カラー。

1962年▼監督＝川島雄三 95

『しとやかな獣』

ブラックコメディーの快作

原作＝新藤兼人。脚本＝新藤兼人。
出演＝若尾文子、伊藤雄之助、山岡久乃、浜田ゆう子ほか。

傑作だけれど、万人向きではないという映画がある。川島雄三監督『しとやかな獣』がそうだ。登場するのは、ろくでもない人間ばかり。金のためなら平気で人をだまし、自分を正当化する。わざとらしいまでに過剰な演技や下品なせりふに対して、嫌悪感を抱く人もいるだろう。だが、いったん、映画の中に入ることができれば、今挙げた〝欠点〟は、逆に面白さに変わる。そして、欲の皮を突っ張らせた登場人物たちを笑っているうちに、笑いがブーメランのように自分にはね返ってくる、という仕掛けだ。ブラックコメディーの快作である。

前田時造（伊藤雄之助）は元海軍中佐。東京湾の埋め立て地に立つ団地の一室に妻（山岡久乃）と息子（川畑愛光）と住んでいる。戦後、時造が事業に失敗し、どん底からはいあがってきた一家の行動原理は「金」。

時造が司令塔になり、娘（浜田ゆう子）を人気作家（山茶花究）の愛人にし、息子が勤務先の芸能プロから使い込んだ金も家族で流用している。

ある日、団地に、芸能プロの社長（高松英郎）らが怒鳴り込んでくる。彼らをけむに巻いた時造夫婦の元に、娘が「作家と別れる」と戻ってくる。

ほとんどの場面は狭い団地の室内で進行する。だが、決して退屈ではない。さまざまなカメラアングルやクローズアップを巧みに使い、人間関係や微妙な心理が表現される。超現実的な長い階段のシーンや、部屋から見える現実の雲や空、湾岸風景のショットも効果的にはさまれている。一見、舞台劇ふうだが、実は極めて映画的な演出だ。

多士済々の俳優陣で、実は、息子が使い込んだ金の大半を巻き上げている芸能プロの女性事務員（若尾文子）が、鮮やかだ。若尾の美貌は、クールな悪女がよく似合う。

川島雄三は、１９４４年監督デビュー。『洲崎パラダイス　赤信号』（56年）『幕末太陽傳』（57年）などの傑作を残すが、63年、45歳の若さで急逝した。

この映画は死の前年、高度成長のさなかの62年暮れに公開された。新藤兼人の原作・脚本には、戦後日本の物質主義や拝金主義への鋭い批判が込められている。半世紀以上たった今、この国はもっと「金がすべて」になってはいないか。そんなことも考えさせてくれる作品だ。

心に残る名せりふ　貧乏で体中が汚れちまった

父親の時造は、金のためなら家族も道具にする生き方を、子どもたちから責められ、怒る。

「おまえたちは、またあんときのような生活がしたいのか。雨漏りのするバラックで雑炊ばっかり食っていた生活が！」

その言葉に、母親も２人の子どもたちも凍りつく。時造は続ける。

「わしはもうあんな生活はごめんだよ。あれは人間の生活じゃない。犬だって猫だってあんなみじめじゃないよ」

「貧乏が骨の髄までしみこんで、貧乏で体中が汚れちまった」

敗戦後に体験した貧しさへの恐怖が、この家族を動かしている。

▶キネマ旬報ベスト・テン６位（63 年度）。DVD が KADOKAWA より発売。98 分。カラー。

1969年▼監督＝大島渚

96

『少年』過酷な現実、詩情豊かに

脚本＝田村孟。
出演＝渡辺文雄、小山明子、阿部哲夫、木下剛志ほか。

走っている車に体当たりして、治療費や示談金を要求する「当たり屋」と呼ばれる犯罪がある。大島渚監督『少年』は、当たり屋を〝仕事〟として、日本各地を転々とする4人家族の物語だ。1966年に実際に起きた「子どもを使った当たり屋夫婦」の事件が下敷きになっている。

少年（阿部哲夫）は10歳くらい。傷痍《しょうい》軍人の父（渡辺文雄）、後妻の母（小山明子）、弟のチビ（木下剛志）の4人家族で高知で暮らしている。最初は母が〝仕事〟をしていたが、やがて少年が担当するようになる。同じ場所では続けられないため、一家は高知を出て、倉敷、北九州、松江、城崎温泉、福井、高崎、そして北海道へと目まぐるしく移動を続ける。

製作から約半世紀、あらためて映画のすごさに気付く。メーンの出演者は一家4人だけ。しかも、主演の阿部は「過保護児童はだめだ、現実に生活している生々しい子どもを探せ」という大島の方針を受け、東京都内の施設で〝発見〟された小学校4年生だ。演技はまったく素人の彼が、スタッフの2歳の息子を起用したチビとともに、映画の中で見せる表情が素晴らしい。

戦時中の傷を言い訳に、自らはまったく働く気がない父親に当たり屋を強要された少年は、さからうことなく従う。そして、チビと2人のとき「アンドロメダ星雲からやってきた正義の宇宙人が、い

※『少年／ユンボギの日記』
発売元：紀伊國屋書店　販売元：紀伊國屋書店　価格：￥4,800＋税

つか悪人をやっつけてくれる」と話す。それはスウェーデン映画『マイライフ・アズ・ア・ドッグ』（85年）の独りぼっちの少年が「人工衛星に無理やり乗せられ、宇宙に打ち上げられたライカ犬に比べれば、まだ幸せだ」と、自分に言い聞かせるシーンを思い出させる。

映像と音楽は詩情にあふれ、時間は飛ぶように過ぎていく。だが、見終わったとき、大島が現実の泥※沼に腕を突っ込んで、引きずり出してきたものの重さが、ずしんと胸に伝わってくる。

僕らが想像するよりも、はるかに過酷な世界があり、そこで生きていくしかない子どもたちがいる。そして、それは、きっと今も変わっていないのだ。

心に残る名せりふ　いつも日曜にしちょこう

母の妊娠をきっかけに、少年と母は父に内緒で秘密を共有し、血のつながっていない2人の距離が縮まる。母は腕時計を少年に買い与え、2人でブランコに乗る。曜日を合わせようとする少年に、母が「毎日、日曜みたいなもんやから」と言うと、少年も「曜日はいつも日曜にしちょこう」と答える。

母が「そのうち、坊や学校行って、うちは赤ん坊産んで、チビは幼稚園やって」と話し始めると、少年も声を弾ませる。そして、その夢を実現するためには「お金がいるんだね」と言う。映画の中で唯一〝希望〟が語られる場面だ。

▶キネマ旬報ベスト・テン31位、毎日映画コンクールで女優助演賞（小山明子）、脚本賞受賞。97分。カラー。

1969年▼監督＝山田洋次

『男はつらいよ』

笑いの原型が全てある

97

原作＝山田洋次。脚本＝山田洋次、森崎東。
出演＝渥美清、倍賞千恵子、光本幸子、志村喬ほか。

「私、生まれも育ちも葛飾柴又です。帝釈天で産湯をつかい、姓は車、名は寅次郎。人呼んでフーテンの寅と発します」

山田洋次監督『男はつらいよ』は、ご存じ寅さんが主人公の国民的人気シリーズの第1作だ。久しぶりに見直すと、1969年から95年までに48作品が作られたシリーズの、笑いの原型が全てこの作品の中にあるのに気付く。主演の渥美清は元気で芸に勢いがあり、タコ社長（太宰久雄）らおなじみの脇役陣も気持ちよく笑わせてくれる。第15作『男はつらいよ　寅次郎相合い傘』（75年）と並ぶシリーズ中の傑作に挙げたい。

中学生の時に父親とけんかして家出した寅次郎（渥美）が、20年ぶりに故郷に帰ってくる。帝釈天の参道で草だんご屋を営むおいちゃん（森川信）とおばちゃん（三崎千恵子）の家に身を寄せた寅は、美しく成長した妹さくら（倍賞千恵子）のお見合いの席に同席し、話をぶちこわす。おいちゃんたちから叱責《しっせき》され、旅に出た寅は、奈良で御前様（笠智衆）と娘の冬子（光本幸子）に偶然出会う。そして、冬子に一目ぼれし、2人に付いて再び柴又に戻ってくる。

第1作の中心になる物語は、さくらと博（前田吟）の結婚と、予想通り進む寅の失恋。寅がさくらを平手打ちする珍しい場面や、その後に続くおいちゃんとの迫力ある（？）乱闘シーン。御前様が写真撮影に合わせて「チーズ」ではなく「バター」と言ってしまうところなど、見せ場が多い。

特に印象に残るのは、冬子と2人で酒を飲んだ帰り道、帝釈天の門で冬子が「おやすみなさい」と差し出した右手に、寅が触れるシーンだ。有頂天になった寅は、「殺したいほど惚《ほ》れてはいたが…」（北島三郎「喧嘩辰」）と歌いながら、参道を踊り歩く。シリーズの中でも屈指の名場面だ。

渥美は96年に68歳で死去したが、シリーズ最終作の『寅次郎紅の花』（95年）の奄美大島ロケなどで、何度かインタビューすることができた。松竹大船撮影所の日だまりで、撮影の合い間に好きな映画のことなどを気軽に話してくれた優しい寅さんが懐かしい。そういえば「時は人を待たず」という言葉を教えてくれたのもあのときだった。

今は大船の撮影所もなくなってしまった。寅さんが元気なら、あの帝釈天の名場面についても、話を聞きたかった。早すぎた死が悲しい。

心に残る名せりふ　女をつかむのは目だよ

寅は、恋愛指南をするのが好きだ。博がさくらにほれているのを知って、飲み屋で説教する。

「要するに、女をつかむのは目だよ。そういったって、最初からジーッと見てちゃだめだよ。何となくちらっと流すんだ。すると、女のほっぺたに電波がぴりぴりっと感じる」

指南は、具体的で自信に満ちている。

「目にもの言わせるんだよ」

その後、寅は冬子相手に、博への教えを実践する。

寅の目を見て冬子は言う。

「どうしたの、目にごみでも入ったの」

▶キネマ旬報ベスト・テン6位。毎日映画コンクールで監督賞、男優主演賞受賞。DVD（HDリマスター版）が松竹より発売。91分。カラー。

98

1988年▼監督＝大林宣彦

『異人たちとの夏』
甘く懐かしい思い出の時

原作＝山田太一。脚本＝市川森一。
出演＝風間杜夫、片岡鶴太郎、秋吉久美子、名取裕子ほか。

人生の半ばに差し掛かった男が、ふとしたことから異界に迷い込んでしまう。そして、異界の住人たちに愛され至福の時を過ごす。だが、そのとき現実世界の彼は……。大林宣彦監督『異人たちとの夏』は、現代版雨月物語と呼べるような、生者と死者の交流を描いた優しいホラー映画だ。

原田（風間杜夫）は40歳のシナリオライター。妻子と別れ、仕事場に使っていたマンションで1人暮らしをしている。

ある夜、仕事仲間のテレビディレクター、間宮（永島敏行）が部屋を訪れ「あなたの元妻に交際を申し込むので、もう一緒に仕事はできない」と、宣告して立ち去る。直後に同じマンションに住む美しい女性ケイ（名取裕子）が突然、部屋にやってくる。ケイは「独りでいるのが寂しい、一緒にお酒を飲んでほしい」と迫るが、原田は仕事を理由に追い返す。

「この芝居じみた夜」をきっかけに、奇妙な出来事が続けて起きる。幼いころ住んでいた浅草を訪れた原田は、28年前に交通事故で死んだ父親（片岡鶴太郎）と母親（秋吉久美子）に出会う……。

実験映画から出発。ポップで楽しいホラー『ＨＯＵＳＥ　ハウス』（１９７７年）で商業映画の世界にデビューした大林監督が、得意のジャンルで思う存分、映画作りを楽しんでいる。

30代で亡くなった両親が、当時のままの若さで登場し、自分たちより年上になった息子に変わらぬ愛情を注ぐ。一つ間違えばウソっぽくなる設定だが、スピーディな演出で、観客は自然に物語に引き入れられていく。

江戸っ子のすし職人のお父ちゃん、鶴太郎と、からっと明るい下町のお母ちゃん、秋吉のコンビが絶妙。父は息子とキャッチボールをし、母はアイスクリームを手作りする。2人が幽霊と知りつつ、甘く懐かしい思い出の中でまどろみ続けたいと願う原田の気持ちが、よく伝わってくる。

原作は脚本家、山田太一の同名小説。バブルが始まろうとする時代。走り続けてきた人々が、ふと立ち止まり、失ってしまったものの価値に気付く。そんな気分も表現されていた。

心に残る名せりふ

おまえはいい息子だよ

原田は再会した両親と、浅草ですき焼きを食べる。3人とも、別れが近いことを予感している。母親が

「おまえを大事に思っているよ」

と言うと、父親も続く。

「おまえに会えて良かったよ。おまえはいい息子だよ」

原田は涙ぐみながら答える。

「僕はお父さんたちが言ってくれるような人間じゃない。いい亭主じゃなかったし、いい父親でもなかった」

両親はそんな息子を

「自分をいじめることはねえ」

「自慢に思ってるよ」

と温かく包み込む。原田と同じような親不孝者には、じんとくる名場面だ。

▶キネマ旬報ベスト・テン3位。毎日映画コンクールで監督賞、女優助演賞（秋吉久美子）などを受賞。DVD、ブルーレイが松竹より発売。108分。カラー。

1998年▼監督＝相米慎二

99

『あ、春』
他者を許す温かさ

原作＝村上政彦。脚本＝中島丈博。
出演＝佐藤浩市、斉藤由貴、山崎努、藤村志保ほか。

良家の娘と結婚し、妻の実家で妻子と義母と暮らしているエリートサラリーマンの前に、幼いころ死に別れたと思っていた父親が突然現れる。

相米慎二監督『あ、春』は、平穏な日常が乱入者によってかき乱されるさまをコミカルに描きながら、人間や家族のつながりとは何かを考えさせてくれる上質な喜劇だ。

韮崎紘（佐藤浩市）は、証券会社の営業マン。妻（斉藤由貴）と幼い息子と一緒に、東京・杉並の妻の実家で義母（藤村志保）と同居している。

ある日、紘の前に、父親と名乗る男、笹一（山崎努）が現れる。母の公代（富司純子）は紘に、「父親は紘が5歳の時に死んだ」と言い聞かせていたが、笹一は、自分は漁業で失敗し借金を背負ったため家を飛び出したのだと話す。

「年を取るにつれ息子のことが気になり所在を調べた。東京に商談に来たので、1週間家に置いてくれ」。笹一の話に、紘は半信半疑ながら家に泊めることにする……。

紘の息子に、さいころ賭博のチンチロリンを教え、義母の入浴をのぞき見する。一見、柄が悪くて、どうしようもない男なのだが、実は優しくて包容力があって、人を惹き付けるところがある。そんな笹一を山崎が喜々として演じている。

彼に振り回される側の〝普通の人々〟を演じる佐藤、斉藤、藤村も役にぴたりとはまっている。さらに富司や三浦友和、余貴美子、三林京子ら脇もうまい。

『魚影の群れ』(1983年)など、緊張感ある長回しで知られる相米監督が、この作品ではきめ細かいカット割りで、そうした俳優たちの魅力を引き出している。円熟を感じさせる演出だっただけに、3年後、53歳で亡くなったことが惜しまれる。

あえて、詳しいストーリーは書かないが、最後まで笑顔で、温かい気持ちで、観ることができる作品だ。そして、笑った後に、実はこの温かさは、映画の中の登場人物たちが皆、最終的に他者を許しているからだと気付く。もしかしたら、家族をつなぎ留めているのは、そうした寛容さかもしれない。

心に残る名せりふ 俺やっぱりあんたのガキだ

紘の母、公代が、紘の家に居座り続ける笹一の元にやってくる。そして、紘は自分の浮気でできた子どもだ、と告げる。その直後、笹一は体調を壊して入院。見舞いに行った紘は、いつも自分が歌う歌を、笹一が口ずさむのを聞く。

「初めて港を出たときにゃ　柱はベリベリ帆は破れ
デッキの上には波がおる……」

「なあ、その歌?」

紘が聞くと、笹一は

「わしらの歌じゃ」

と答える。笹一の歌に唱和した後、紘は言う。

「俺、やっぱりあんたのガキだ」

血のつながりなど関係なく、紘は笹一を父と認め、受け入れたのだ。

▶キネマ旬報ベスト・テン1位(99年度)。毎日映画コンクールで女優助演賞(余貴美子)、脚本賞を受賞。DVDが松竹から発売。100分。カラー。

2001年▼監督＝青山真治 (100)

『EUREKA（ユリイカ）』

再生への長い道のり

脚本＝青山真治。
出演＝役所広司、宮崎あおい、宮崎将、斉藤陽一郎ほか。

『EUREKA（ユリイカ）』を初めて観たとき、青山真治という監督の名はこの1作だけでも映画史に残るに違いないと感じた。そのくらい、力がある作品だ。

凶悪なバスジャック事件に巻き込まれ、生き残ったが心に深い傷を負った被害者たちが、自ら再生への道を模索する。言葉にしてしまえば、これだけの文字で言い表せることだが、現実は、想像を絶するほど厳しいものだろう。映画はそのつらさを、俳優の肉体を通してリアルに描き出している。

福岡県のある市を走る路線バスで、バスジャック事件が起きる。犯人（利重剛）は複数の乗客を殺し、自分も警官隊に射殺される。むごたらしい事件だったが、バス運転手の沢井（役所広司）は、乗客の中学生と小学生の兄妹、田村直樹（宮崎将）、梢《こずえ》（宮崎あおい）と共に生き残る。

それから2年後、3人は再会する。沢井も田村兄妹も事件がきっかけで、それぞれの家庭が崩壊していた。身を置く場所がなくなった沢井が、学校も行かず2人だけで暮らす兄妹の家に転がり込み、さらに兄妹のいとこで大学生の秋彦（斉藤陽一郎）が加わり、奇妙な同居生活が始まる。

ちょうどそのころ、彼らの住む町で、若い女性を狙う連続通り魔殺人事件が発生する……。

3時間37分の長い映画だが、決して展開がまだるっこしいわけではない。モノクロフィルムで撮影

しカラーポジにプリントしたというセピア色の映像は、独特の静けさの中に、ピンと張り詰めた空気を感じさせる。

一言も発しない兄妹、自らに潜む狂気と闘う沢井。彼らにいったい、どんな未来が開けているのか。それは、東日本大震災や地下鉄サリン事件、スキーバス事故など、災害や事件、事故に遭遇した人々の、再生への歩みと無縁ではない。

役所の迫力はもちろん、宮崎あおいの初々しさが光る。幾つかの場面で流れる音楽も印象的だ。

映画の中で、固有の時間が流れ、時間の経過とともに、登場人物たちが変化していく。そこが素晴らしい。

心に残る名せりふ

みんないなくなる

「大津波が来る。いつかきっと、みんないなくなる」

2001年1月公開の映画は、地鳴りの音とともに、梢《こずえ》のこうしたつぶやきで始まる。10年後、東日本大震災が起きた。

この映画は00年5月にカンヌ国際映画祭で上映される直前、九州でバスジャック事件が起きたこともあり、予言的な力を持つと言われることがある。それはおそらく、青山監督がこの作品を通して、戦後日本社会の「死」を悼もうとしたことと関係があるのだろう。公開から17年。無差別殺人やテロや戦争、理不尽な暴力による死は、さらに身近になってきているような怖さがある。

▶キネマ旬報ベスト・テン4位。カンヌ国際映画祭で国際批評家連盟賞、エキュメニック賞受賞。217分。カラー。

2010年▼監督＝小林政広

『春との旅』

1人だけど、独りじゃない

原作＝小林政広。脚本＝小林政広。
出演＝仲代達矢、徳永えり、淡島千景、大滝秀治ほか。

自分の夢を追い求め走り続けてきた男が、年老いて、誰かの助けなしには生きていけなくなる。一緒に暮らしていた孫娘に「家を出ていきたい」と言われたのがきっかけで、老人は疎遠にしていた兄弟や姉を訪れる旅に出る。孫娘も祖父の後を追い、同行する。

小林政広監督『春との旅』は、高齢化社会の進行とともに増加する孤独な老人という、この国が現在直面する問題を取り上げながら、世代や国境を超えた普遍的な人間ドラマに結実させた。

主演の仲代達矢はもとより、淡島千景、大滝秀治、菅井きん、田中裕子、小林薫、柄本明、香川照之、戸田菜穂ら豪華な俳優陣が顔をそろえる。そうした百戦錬磨のベテランたちに伍《ご》して、キャリアの浅い徳永えりが、見事な存在感を示した。それを引き出した小林監督の演出が、せりふの向こうの人間性まで見つめた脚本と併せて、作品に力を与えている。

北海道増毛町。かつてはニシン漁に沸いた海辺で、元漁師の忠男（仲代）は孫の春（徳永）と2人で暮らしている。忠男は妻に先立たれ、春の母親である一人娘は、離婚後に自ら命を絶った。

春は、給食の仕事をしていた小学校が廃校になったため、東京に出て職を探そうと思う。だが、足が悪い忠男は、1人暮らしができない。彼は、兄の重男（大滝）、姉の茂子（淡島）、弟の道男（柄

※『春との旅』
DVD 発売中　2,800 円（税込 3,024 円）　東映ビデオ

本）らの家を訪ね、同居させてくれと求める……。「遠くの親戚より近くの他人」「血は水よりも濃い」。相反することわざがあるように、血縁とは簡単に割り切れないものだ。身勝手な忠男の頼みに、兄弟や姉たちは怒り、困惑しながらも、精いっぱいの優しさを示す。それを目にした春は、自分と母親の元を去って以来会っていない父親に、会いたいと思う。

観客にもその心の変化がよく理解できる。

忠男は、親戚の家での同居を本当に願っていたのだろうか。実は、人はそれぞれ自分の人生を生きていくしかないことや、どこかで誰かとつながっていることを、春に伝えたかったから旅に出たのではないだろうか。お前も俺も1人だけど、決して独りじゃない、と。

※

心に残る名せりふ

ま、そういうことだ

兄弟たちに同居を断られた忠男は、「お父さんに会いたい」という春と一緒に、仙台からフェリーに乗って、春の父親が住む北海道に向かう。フェリーの船室で1人になったとき、忠男は手に持った妻の位牌《いはい》に向かってつぶやく。

「いい時はみんないい。悪い時はみんな悪い。ま、そういうことだ」

なんでもないような言葉だが、人生とはそういうものだな、とうなずかせる説得力がある。それは忠男を演じているのが、仲代達矢だからなのだろう。名優が積み重ねた年月の重みが、伝わってくる。

▶毎日映画コンクールで日本映画優秀賞、スポニチグランプリ新人賞（徳永えり）受賞。134分。カラー。

阪本順治　どついたるねん 1989　174
佐々部清　夕凪の街　桜の国 2007　80
澤井信一郎　Wの悲劇 1984　114
沢島忠　人生劇場　飛車角 1963　144
篠田正浩　心中天網島 1969　182、はなれ瞽女おりん 1977　108、瀬戸内少年野球団 1984　60、少年時代 1990　64
新藤兼人　原爆の子 1952　68、裸の島 1960　180、三文役者 2000　190、一枚のハガキ 2011　66
周防正行　Shall we ダンス？ 1996　32、それでもボクはやってない 2007　136
相米慎二　台風クラブ 1985　152、あ、春 1998　206
曽根中生　博多っ子純情 1978　170

★な行
成瀬巳喜男　めし 1951　178、おかあさん 1952　96、稲妻 1952　192
西村昭五郎　競輪上人行状記 1963　142
野村芳太郎　疑惑 1982　110
橋口亮輔　ハッシュ！ 2002　92

★は行
原一男　全身小説家 1994　188
久松静児　警察日記 1955　194
平山秀幸　愛を乞うひと 1998　118
深作欣二　軍旗はためく下に 1972　50
降旗康男　あ・うん 1989　62
本多猪四郎　ゴジラ 1954　70

★ま行
増村保造　清作の妻 1965　120
溝口健二　西鶴一代女 1952　98、近松物語 1954　16、赤線地帯 1956　18
宮崎駿　風の谷のナウシカ 1984　26
森田芳光　それから 1985　184

★や行
柳町光男　十九歳の地図 1979　148
山下耕作　関の彌太ッペ 1963　140
山下敦弘　マイ・バック・ページ 2011　160、
山田洋次　男はつらいよ 1969　202、母と暮せば 2015　82
山本薩夫　荷車の歌 1959　100、白い巨塔 1966　122、戦争と人間 1970～73　48、金環蝕 1975　128
行定勲　GO 2001　90
吉田喜重　エロス＋虐殺 1970　126
吉村公三郎　婚期 1961　102

『厳選 あのころの日本映画 101』
監督名別索引
（50 音順、数字は公開年→ページ数の順）

★あ行
青山真治　ＥＵＲＥＫＡ（ユリイカ）2001　208
磯村一路　がんばっていきまっしょい 1998　176
伊丹十三　タンポポ 1985　28、マルサの女 1987　116
市川崑　野火 1959　44、おとうと 1960　196、東京オリンピック 1965　166、
犬神家の一族 1976　54
市川準　ＢＵ・ＳＵ 1987　172
犬童一心　ジョゼと虎と魚たち 2003　94
今井正　青い山脈 1949　164、また逢う日まで 1950　40、キクとイサム 1959　86
今村昌平　にあんちゃん 1959　84、にっぽん昆虫記 1963　106、黒い雨 1989　76
岩井俊二　Love Letter 1995　154
浦山桐郎　私が棄てた女 1969　88
大島渚　青春残酷物語 1960　138、少年 1969　200、愛のコリーダ 1976　24、
戦場のメリークリスマス 1983　58
大林宣彦　異人たちとの夏 1988　204
大森一樹　ヒポクラテスたち 1980　150
岡本喜八　ジャズ大名 1986　134
小栗康平　死の棘 1990　186
小津安二郎　晩春 1949　12、秋刀魚の味 1962　20

★か行
神山征二郎　ふるさと 1983 132
川島雄三　女は二度生まれる 1961　104、しとやかな獣 1962　198
河瀬直美　萌の朱雀 1997　34
北野武　キッズ・リターン 1996　156、ＨＡＮＡ－ＢＩ 1998　36
木下恵介　お嬢さん乾杯 1949　162、二十四の瞳 1954　42
熊井啓　黒部の太陽 1968　168、地の群れ 1970　74、
サンダカン八番娼館　望郷 1974　52
蔵原惟繕　愛と死の記録 1966　72
黒木和雄　父と暮せば 2004　78
黒澤明　酔いどれ天使 1948　10、七人の侍 1954　14、天国と地獄 1963　22、
影武者 1980　130、夢 1990　30
五社英雄　鬼龍院花子の生涯 1982　112
小林正樹　人間の條件 1959～61　46、上意討ち　拝領妻始末 1967　124、
東京裁判 1983　56
小林政広　春との旅 2010　210
是枝裕和　誰も知らない 2004　38

★さ行
崔洋一　犬、走る　DOG RACE 1998　158
斉藤武市　愛と死をみつめて 1964　146

★た・な行
滝田洋二郎　コミック雑誌なんかいらない！ 1986
竹中直人　無能の人 1991
田中徳三　悪名 1961
豊田四郎　駅前旅館 1958、雪国 1957、夫婦善哉 1955
中江裕司　ナビィの恋 1999
中川信夫　東海道四谷怪談 1959
中原俊　12人の優しい日本人 1991
成瀬巳喜男　流れる 1956、浮雲 1955
根岸吉太郎　探偵物語 1983、遠雷 1981
野村芳太郎　事件 1978、砂の器 1974、拝啓天皇陛下様 1963、張込み 1958

★は行
橋口亮輔　渚のシンドバッド 1995
長谷川和彦　太陽を盗んだ男 1979
羽仁進　初恋地獄編 1968
原一男　ゆきゆきて、神軍 1987
東陽一　もう頬づえはつかない 1979、サード 1978
深作欣二　蒲田行進曲 1982、仁義なき戦い 1973
藤田敏八　八月の濡れた砂 1971
降旗康男　駅 STATION 1981
古澤憲吾　ニッポン無責任時代 1962
堀川弘通　黒い画集　あるサラリーマンの証言 1960
本多猪四郎　マタンゴ 1963

★ま行
前田陽一　神様のくれた赤ん坊 1979
増村保造　妻は告白する 1961
松林宗恵ら　社長シリーズ 1956～70
三池崇史　中国の鳥人 1998
三隅研次　座頭市物語 1962
溝口健二　雨月物語 1953
三谷幸喜　ラヂオの時間 1997
森崎東　時代屋の女房 1983
森田芳光　家族ゲーム 1983、の・ようなもの 1981

★や・わ行
山下耕作　博奕打ち　総長賭博 1968
山田洋次　幸福の黄色いハンカチ 1977、
男はつらいよ　寅次郎相合い傘 1975
山中貞雄　丹下左膳餘話　百萬兩の壺 1935
山本薩夫　にっぽん泥棒物語 1965、忍びの者 1962
和田誠　麻雀放浪記 1984

本書の姉妹編『「あのころ」の日本映画がみたい！』

（立花珠樹著、2010 年、彩流社発行、言視舎編集）

監督別掲載作品（掲載順）

（50 音順、数字は公開年）

★あ行

石井輝男	網走番外地 1965
伊丹十三	お葬式 1984
市川崑	細雪 1983、ぼんち 1960、炎上 1958
伊藤俊也	女囚７０１号　さそり 1972
今村昌平	復讐するは我にあり 1979、赤い殺意 1964、豚と軍艦 1961
内田吐夢	飢餓海峡 1965、宮本武蔵 1961
浦山桐郎	キューポラのある街 1962
大島渚	絞死刑 1968、日本春歌考 1967
大林宣彦	転校生 1982
岡本喜八	大誘拐 RAINBOW KIDS 1991、肉弾 1968、日本のいちばん長い日 1967、独立愚連隊 1959
小栗康平	泥の河 1981
小津安二郎	小早川家の秋 1961、浮草 1959、東京物語 1953、麦秋 1951

★か行

加藤泰	沓掛時次郎　遊侠一匹 1966
金子修介	ガメラ　大怪獣空中決戦 1995
川島透	竜二 1983
川島雄三	幕末太陽傳 1957、洲崎パラダイス　赤信号 1956、わが町 1956
北野武	あの夏、いちばん静かな海。 1991
木下恵介	笛吹川 1960
工藤栄一	十三人の刺客 1963
神代辰巳	赫い髪の女 1979 98、青春の蹉跌 1974
黒木和雄	祭りの準備 1975
黒澤明	赤ひげ 1965、隠し砦の三悪人 1958、生きる 1952、野良犬 1949、素晴らしき日曜日 1947
小林正樹	切腹 1962

★さ行

崔洋一	月はどっちに出ている 1993、十階のモスキート 1983
斎藤耕一	津軽じょんがら節 1973
阪本順治	顔 2000
佐藤純彌	新幹線大爆破 1975
篠田正浩	乾いた花 1964
新藤兼人	午後の遺言状 1995、狼 1955
周防正行	シコふんじゃった。 1992
鈴木清順	ツィゴイネルワイゼン 1980、けんかえれじい 1966
相米慎二	魚影の群れ 1983

著者………立花珠樹（たちばな・たまき）
映画評論家・共同通信社編集委員。1949年、北九州市生まれ。一橋大卒。90年代から文化部記者として映画を取材する。映画人のロングインタビューや、懐かしい映画の魅力を紹介するコラムなどを執筆。著書に『新藤兼人　私の十本』『岩下志麻という人生』（いずれも共同通信社）、『「あのころ」の日本映画がみたい！』（彩流社）、『あのころ、映画があった』『女と男の名作シネマ』（いずれも言視舎）、『若尾文子〝宿命の女〟なればこそ』（ワイズ出版）など。

装丁………山田英春
イラスト………コジマススム
DTP組版………勝澤節子
編集協力………橋本伊津美、田中はるか

※本書は2015年7月から2017年7月にかけて共同通信編集委員室から配信した「あのころ、映画があった―必見の邦画名作選」を再編集、加筆したものです。なお、DVD、ブルーレイ等のデータは2017年11月現在のものです。

厳選 あのころの日本映画101
いまこそ観たい名作・問題作

発行日❖2018年1月31日　初版第1刷

著者
立花珠樹

発行者
杉山尚次

発行所
株式会社言視舎
東京都千代田区富士見2-2-2　〒102-0071
電話03-3234-5997　FAX 03-3234-5957
http://www.s-pn.jp/

印刷・製本
中央精版印刷㈱

ISBN978-4-86565-113-3 C0074